Un Modello Sintropico della Coscienza

Antonella Vannini

ISBN: 9781520892528

www.sintropia.it

INDICE

PREMESSA

Nel libro *La mente cosciente* David Chalmers (Chalmers, 1996) distingue due diversi problemi inerenti lo studio della coscienza:

- The *easy problem* (il problema facile), che è relativo all'individuazione di modelli neurobiologici della coscienza. Considerati gli enormi progressi della ricerca in campo neuroscientifico, infatti, è relativamente semplice, dal punto di vista teorico, trovare correlati neurali dell'esperienza cosciente. I problemi facili sono sostanzialmente riconducibili al funzionamento del cervello nella decodifica degli stimoli sensoriali e percettivi, nella elaborazione delle informazioni tese al controllo del comportamento, nei meccanismi dell'intelligenza e della memoria, nella capacità di produrre resoconti verbali, ecc. Tuttavia, questo approccio alla coscienza, secondo Chalmers, non spiega affatto il carattere soggettivo ed irriducibile che essa ha per il soggetto cosciente, in una parola tale approccio non è in grado di risolvere il problema della coscienza fenomenica.
- The *hard problem* (il problema difficile) che è relativo alla spiegazione degli aspetti qualitativi e soggettivi dell'esperienza cosciente, che sfuggono ad un'analisi fisicalista e materialista.

Chalmers sottolinea che "*Il problema difficile della coscienza è il problema dell'esperienza. Quando noi pensiamo o percepiamo, c'è un'enorme attività di elaborazione dell'informazione, ma c'è anche un aspetto soggettivo. Per dirla con Nagel, si prova qualcosa a essere un organismo cosciente. Questo aspetto soggettivo è l'esperienza.*"

Secondo Chalmers, i problemi semplici sono semplici proprio in quanto tutto ciò di cui si ha bisogno è di individuare il meccanismo che consente di risolverli, rendendoli in questo modo compatibili con le leggi della fisica classica. Il problema della coscienza si distingue però dai problemi semplici in quanto anche se tutte le funzioni principali fossero spiegate in base a processi di causa-effetto, non si giungerebbe comunque a spiegare la coscienza come esperienza soggettiva.

Inoltre:

"*La coscienza è il più grande dei misteri. E' forse il maggiore ostacolo nella nostra ricerca di una comprensione scientifica dell'universo. Pur non essendo ancora complete, le scienze fisiche sono ben comprese, e le scienze biologiche hanno rimosso molti degli antichi misteri che circondavano la natura della vita. Sebbene permangano lacune nella comprensione di questi campi, esse non paiono tuttavia intrattabili. Abbiamo un'idea di come potrebbe configurarsi una soluzione a questi problemi; abbiamo solo bisogno di aggiustare i dettagli. Molti progressi sono stati compiuti anche nella scienza della mente. Il lavoro recente nell'ambito della scienza cognitiva e delle neuroscienze ci ha portato a una migliore comprensione del comportamento umano e dei processi che lo guidano. Certo non disponiamo di molte teorie dettagliate della cognizione, ma la conoscenza dei dettagli non può essere troppo lontana. Invece, la coscienza continua a lasciare perplessi, come è sempre avvenuto. Sembra ancora completamente misterioso che i processi che causano il comportamento debbano essere accompagnati da una vita interiore soggettiva. Abbiamo buone ragioni di credere che la coscienza nasca da sistemi fisici come i cervelli, e tuttavia non abbiamo alcuna idea di come abbia origine, o del perché essa esista. Come può un sistema fisico come il cervello essere anche un soggetto di esperienza? Perché dovrebbe esserci un qualcosa di simile a un tale sistema? Le teorie scientifiche contemporanee difficilmente toccano le questioni realmente difficili relative alla coscienza. Non solo non disponiamo di una teoria dettagliata, ma siamo completamente all'oscuro di come la coscienza si concili con l'ordine naturale.*"

Nel primo capitolo del seguente lavoro verranno descritti tre modelli della coscienza proposti rispettivamente da Antonio Damasio (1999), Gerald Edelman (2000) e Francisco Varela (1996). Questi modelli hanno in comune il fatto di tentare di spiegare la coscienza riportando i fenomeni ad essa correlati nell'ambito dei principi della fisica classica.

Il secondo capitolo introdurrà brevemente i principi della meccanica quantistica (MQ) e le sue principali interpretazioni, per poi descrivere i principali modelli della coscienza che a tali interpretazioni fanno riferimento. Infatti nel corso degli anni '30, mentre la psicologia era dominata dal comportamentismo che non reputava la coscienza un oggetto adeguato di indagine scientifica, le più importanti interpretazioni della meccanica quantistica facevano riferimento proprio alla coscienza per spiegare le peculiarità del mondo sub-atomico. Ad esempio, secondo l'interpretazione di Copenaghen la funzione d'onda collassa in una particella solo quando si opera un atto cosciente di osservazione, di misurazione del sistema sotto osservazione. Secondo questa ipotesi, la coscienza stessa crea la materia e non viceversa.

I modelli quantistici descritti in questo lavoro vengono raggruppati in base a 3 criteri di classificazione, al fine di valutarne la falsificabilità:

1. modelli che collocano la coscienza nella posizione di un principio primo dal quale discende la realtà;
2. modelli che fanno discendere la coscienza dalle proprietà indeterministiche e probabilistiche del mondo quantistico;
3. modelli che individuano nella MQ un principio d'ordine dal quale discendono e si organizzano le proprietà della coscienza.

Nei modelli quantistici che rientrano nella prima categoria è possibile rinvenire una tendenza alla "deriva mistica". Questi modelli si rifanno, in modo più o meno esplicito, all'interpretazione di Copenaghen e sfuggono, per definizione, alla verifica sperimentale, in quanto fanno discendere i loro assunti dal fatto che la coscienza stessa si pone a monte della realtà osservata e la determina. In questo senso, i modelli che rientrano nella prima categoria potrebbero essere considerati non tanto dei modelli della coscienza, quanto piuttosto dei modelli che cercano di spiegare l'emergere della realtà osservabile da processi panpsichisti. Non a caso, gli stessi autori di questi modelli fanno esplicito riferimento al concetto di panpsichismo, termine che designa l'insieme delle dottrine filosofiche che attribuiscono a tutta la realtà materiale proprietà e attributi psichici.

Per quanto riguarda i modelli rientranti nella seconda categoria, anch'essi si pongono al di là della falsificabilità, in quanto partono dall'assunto che la coscienza risieda in un dominio non osservabile

3

con le attuali tecnologie della ricerca, come ad esempio i processi che avvengono a scale di misura al di sotto della costante di Planck.

Infine, i modelli che rientrano nella terza categoria e che si basano sulla ricerca, in natura, di un principio di ordine che possa giustificare le proprietà della coscienza, si richiamano prevalentemente a principi e fenomeni che hanno già portato alla realizzazione di interessanti applicazioni in campo fisico (come, ad esempio, i condensati di Bose-Einstein, i superconduttori e il laser). Questo fa in modo che tali modelli possano essere più facilmente tradotti in ipotesi operative da verificare in campo sperimentale.

Al criterio della falsificabilità, appena discusso, va aggiunto un secondo criterio relativo alla compatibilità del modello con le caratteristiche tipiche dei sistemi biologici. Ciò in quanto i principi di ordine rinvenuti nella terza categoria propongono soluzioni spesso palesemente incompatibili con le caratteristiche dei sistemi viventi, come, ad esempio, la presenza nel cervello di condensati di Bose-Einstein che richiedono, per manifestarsi, temperature prossime allo zero assoluto (-273 C°). Come vedremo, applicando questi criteri di selezione, vengono progressivamente esclusi dalla possibilità della verifica empirica tutti i modelli, con la sola eccezione dei modelli proposti da Luigi Fantappiè (1942) e da Chris King (2003). A tal proposito è necessario sottolineare che i modelli proposti da questi due autori possono essere considerati degli "ibridi" tra meccanica quantistica e relatività ristretta, in quanto partono dall'unione dell'equazione di Schrödinger (meccanica quantistica) con l'equazione energia, momento, massa (relatività ristretta).

Si giunge così alla conclusione che tutti i modelli della coscienza proposti nell'ambito della meccanica quantistica non sono traducibili in proposte sperimentali perché incompatibili con il criterio della falsificabilità e/o con le caratteristiche dei sistemi biologici. Gli unici due modelli che superano il vaglio di questa rassegna, e che sono di fatto falsificabili sperimentalmente, sono quelli che uniscono la meccanica quantistica con la relatività ristretta. Di conseguenza in questo lavoro verranno presentati quattro studi sperimentali atti a verificare gli assunti alla base di tali modelli.

Il terzo capitolo vedrà una descrizione più accurata dei modelli della coscienza proposti da Fantappiè e King, mentre il quarto capitolo sarà dedicato al rapporto tra tempo e causalità, un rapporto la cui comprensione è fondamentale ai fini della descrizione della coscienza sulla base dei principi della meccanica quantistica e della relatività ristretta.

I capitoli dal quinto all'ottavo sono dedicati alla descrizione degli esperimenti condotti e dei risultati emersi con conseguente interpretazione.

1

LA COSCIENZA
SECONDO L'APPROCCIO DELLA
FISICA CLASSICA

Gli autori che si interessano al problema della coscienza e degli stati mentali sono moltissimi, ed estremamente variegata è la gamma delle loro posizioni.

Le teorie sulla coscienza proposte negli ultimi decenni vanno dai modelli fondati sulla fisica classica (ad esempio i modelli avanzati da Paul Churchland, Antonio Damasio, Daniel Dennett, Gerald Edelman, Francisco Varela e John Searle) ai modelli fondati sui principi della Meccanica Quantistica (MQ), come il dualismo onda-particella, il collasso della funzione d'onda, la retrocausalità, la non località e il campo unificato (ad esempio i modelli proposti da John Eccles, Stuart Hameroff, Roger Penrose e Chris King).

A titolo esemplificativo, in questo capitolo verranno descritti 3 modelli della coscienza fondati sulla fisica classica: il modello proposto da Antonio Damasio, quello di Gerald Edelman e, infine, quello di Francisco Varela.

Sono stati scelti proprio questi tre modelli in quanto essi sembrano manifestare una sorta di *"gradiente localizzazionista"*:

- il modello di Damasio cerca di individuare i siti neurali nei quali è collocata la coscienza,
- quello di Edelman vede la coscienza come un processo globale di tutto il cervello
- infine, il modello di Varela considera la coscienza come una qualità distribuita in tutto l'organismo.

1.1 La coscienza secondo Damasio

Mentre molti autori legano la coscienza al pensiero e alle funzioni cognitive, Damasio la collega ai costrutti di emozione e sentimento. Il motto del modello di Damasio potrebbe essere: "Sento quindi sono". Questa via era già emersa nell'Errore di Cartesio (Damasio, 1994) in cui Damasio descrive l'importanza delle emozioni e degli stati corporei nelle attività legate alla presa di decisione.

Prima di descrivere la proposta di Damasio relativamente al problema della coscienza, è opportuno precisare brevemente cosa intenda l'autore con i due termini di emozione e sentimento.

Nel linguaggio comune non si distingue tra emozione e sentimento, adottandoli praticamente come sinonimi. Damasio opera invece una distinzione tra i due termini (anche se appartenenti ad un unico processo), intendendo per emozioni collezioni complicate di risposte chimiche e neurali, che formano una configurazione; tutte le emozioni hanno un qualche ruolo regolatore da svolgere, che porta in un modo o nell'altro alla creazione di circostanze vantaggiose per l'organismo in cui si manifesta il fenomeno; le emozioni riguardano la vita di un organismo – il suo corpo, per essere precisi – e il loro ruolo è assistere l'organismo nella conservazione della vita.

I dispositivi che producono le emozioni occupano un insieme abbastanza limitato di regioni subcorticali, a partire dal livello del tronco encefalico per risalire verso l'alto; questi dispositivi fanno parte di un insieme di strutture che regolano e rappresentano gli stati del corpo, e si possono innescare automaticamente, senza una decisione conscia.

Infine, tutte le emozioni usano il corpo come teatro (milieu interno, sistemi viscerale, vestibolare e muscolo-scheletrico), ma le emozioni influenzano anche la modalità di funzionamento di numerosi circuiti cerebrali: la varietà delle risposte emotive è responsabile dei profondi cambiamenti tanto del paesaggio del corpo quanto del paesaggio del cervello. La collezione di tali cambiamenti costituisce il substrato delle configurazioni neurali che alla fine diventano sentimenti delle emozioni.

Secondo Damasio al meccanismo dell'emozione segue il meccanismo necessario a produrre una mappa cerebrale e poi un'immagine mentale (o idea) dello stato dell'organismo che ne risulta, cioè il sentimento. I sentimenti traducono nel linguaggio della mente lo stato vitale in cui versa l'organismo.

All'origine del sentimento è quindi il corpo, costituito da diverse parti continuamente registrate in strutture cerebrali. I sentimenti sono allora la percezione di un certo stato corporeo cui, talvolta, si aggiunge la percezione di uno stato della mente ad esso associato o anche la percezione del tipo di pensieri il cui tema è consono con il genere di emozione percepita. In particolare, Damasio propone l'ulteriore distinzione dei sentimenti in sentimenti delle emozioni e sentimenti di fondo. Per quanto riguarda i primi, l'autore specifica che l'essenza del sentire un'emozione è l'esperienza dei cambiamenti che si manifestano a livello corporeo in giustapposizione alle immagini mentali che hanno dato avvio al ciclo. Il sentimento di un'emozione consiste nel collegamento tra un contenuto cognitivo e una variazione di un profilo dello stato corporeo.

Con il termine sentimenti di fondo, invece, l'autore indica una varietà di sentimento che ha preceduto le altre nell'evoluzione, e che ha origine da "*stati corporei*" di fondo anziché da emozioni. E' il sentimento della vita stessa, il senso di essere. Un sentimento di fondo corrisponde allo stato corporeo che prevale tra le emozioni, è la nostra immagine dello stato corporeo quando questo non è agitato da emozioni. Secondo Damasio, senza sentimenti di fondo il nucleo stesso della rappresentazione del sé sarebbe infranto.

Dopo aver descritto brevemente il significato che, per Damasio, assumono i termini di emozione e sentimento, passiamo ora ad una sintetica esposizione del modello della coscienza proposto da questo autore.

In Emozioni e Coscienza la coscienza è descritta come il "*sapere di sentire*": la coscienza si sente come un sentimento e, di conseguenza, se la si sente come un sentimento può ben essere un sentimento.

Damasio afferma che la coscienza non è percepita come un'immagine, né come una configurazione visiva o uditiva e tantomeno come una configurazione olfattiva o gustativa. La coscienza non si vede né si ascolta. La coscienza non ha odore né sapore. La coscienza è, per Damasio, una configurazione costruita con i segni non verbali degli stati del corpo.

Damasio individua tre livelli della coscienza: il proto-sé, il sé nucleare e il sé autobiografico.

- Il proto-sé

Nelle stesse parole di Damasio, il proto-sé *"è una collezione coerente di configurazioni neurali che formano istante per istante le mappe dello stato della struttura fisica dell'organismo nelle sue numerose dimensioni."* Questa collezione costantemente aggiornata di configurazioni neurali si trova in molti siti cerebrali e a molteplici livelli, dal tronco encefalico alla corteccia cerebrale, in strutture interconnesse da vie neurali. Il proto-sé, del quale non siamo coscienti, coincide con la regolazione di base della vita.

Come vedremo più avanti, Damasio individua alcune strutture anatomiche necessarie alla realizzazione del proto-sé.

- Il sé nucleare

Damasio ritiene che la coscienza abbia inizio quando un oggetto modifica le mappe del proto-sé.

In base a questo modello, è presente una coscienza nucleare quando i dispositivi cerebrali di rappresentazione generano una descrizione non verbale, per immagini, del modo in cui lo stato dell'organismo viene modificato dall'elaborazione di un oggetto da parte dell'organismo stesso e quando tale processo intensifica l'immagine dell'oggetto causativo, mettendolo in posizione saliente in un contesto spaziale e temporale.

L'oggetto con il quale si interagisce (che può essere realmente percepito o richiamato dalla memoria, esterno o interno all'organismo) innesca un impulso e la coscienza viene creata da questi impulsi. La continuità della coscienza si baserebbe su di una costante generazione di impulsi di coscienza che corrispondono all'incessante elaborazione di miriadi di oggetti, la cui interazione con l'organismo, effettiva o costantemente evocata, modifica il proto-sé. E' probabile che più di un oggetto può indurre una modificazione dello stato del proto-sé e che il flusso della coscienza non sia veicolato da un solo oggetto, ma da molti.

Mentre il proto-sé è uno stato ancora non consapevole della coscienza, il sé nucleare è il primo livello di coscienza consapevole e coincide con il sapere di sentire quell'emozione. L'essenza biologica del sé nucleare è la rappresentazione di una mappa del proto-sé che viene modificata. Questo cambiamento è dovuto all'interazione con un oggetto che modifica la percezione dei propri stati corporei, del proto-sé, ad esempio suscitando emozioni. Il sé nucleare è non verbale e può essere innescato da qualsiasi oggetto. Poiché vi è sempre disponibilità di oggetti innescanti, l'esperienza cosciente viene generata continuamente e quindi appare continua nel corso del tempo. Il meccanismo del sé nucleare richiede la presenza del proto-sé.

La coscienza nucleare è il genere più semplice di coscienza e fornisce all'organismo un senso di sé in un dato momento e in un dato luogo (*"qui ed ora"*). La coscienza nucleare è un fenomeno semplice, biologico, che ha un unico livello di organizzazione, è stabile in tutto l'arco della vita dell'organismo, non è una caratteristica esclusiva degli esseri umani e non dipende dalla memoria convenzionale, dalla memoria operativa, dal ragionamento o dal linguaggio.

In sintesi, il sé nucleare nasce dall'interazione dell'organismo con un oggetto. In questo caso ciò che si avverte sono i cambiamenti del proprio organismo indotti dall'oggetto stesso. A differenza del proto-sé, il sé nucleare è libero di vagare e di rappresentare qualsiasi oggetto, compatibilmente con la struttura dell'organismo.

Il proto-sé, cioè l'organismo come viene rappresentato all'interno del cervello, è un precursore biologico di ciò che, con il sé nucleare, diventa l'elusivo senso di sé.

Il sé nucleare coincide per Damasio con i sentimenti, cioè con la capacità dell'organismo di sentire le emozioni che sono alla base della regolazione della vita. Ciò avviene quando l'organismo elabora certi oggetti o situazioni con uno dei suoi dispositivi sensoriali – per esempio, mentre osserva un volto o un paesaggio familiare – o quando la mente evoca dalla memoria certi oggetti o situazioni e li rappresenta come immagini nel processo mentale.

Il modello del sé nucleare si basa sui seguenti elementi:

1) L'organismo, come unità, è proiettato in mappe nel cervello, entro strutture che ne segnalano continuamente gli stati interni (mappe di primo ordine).
2) L'oggetto viene proiettato in mappe, nelle strutture cerebrali sensitive e motorie attivate dall'interazione dell'organismo con l'oggetto; l'organismo e l'oggetto sono entrambi proiettati come configurazioni neurali in mappe del primo ordine; tutte queste configurazioni neurali possono tradursi in immagini.
3) Le mappe senso-motorie relative all'oggetto producono modificazioni nelle mappe relative all'organismo.
4) Queste modificazioni possono essere ri-rappresentate in altre mappe (mappe del secondo ordine) che quindi rappresentano la relazione tra organismo e oggetto.
5) Le configurazioni neurali che si formano transitoriamente nelle mappe del secondo ordine possono tradursi in immagini mentali, al pari delle configurazioni neurali delle mappe del primo ordine.
6) La coscienza dipenderebbe dalla costruzione di immagini mentali interne dell'interazione tra l'organismo e un oggetto.
7) Tanto le mappe dell'organismo quanto le mappe del secondo ordine sono legate al corpo; le immagini mentali che descrivono la relazione tra organismo e oggetto sono sentimenti.

La prima base del noi cosciente è una sensazione che scaturisce dalla ri-rappresentazione del proto-sé non cosciente mentre viene modificato, nell'ambito dell'interazione con un oggetto. La coscienza autobiografica nasce dalla descrizione delle interazioni con l'oggetto e il suo primo risultato è la sensazione di conoscere: sappiamo di esistere perché la storia narrata ci mostra come protagonisti nell'atto di conoscere.

Il sé autobiografico, o coscienza estesa, coincide con il livello superiore della coscienza. Il sé autobiografico è basato sulla capacità della persona di tener traccia della propria storia. Il sé autobiografico si basa sulla memoria autobiografica che è costituta da ricordi impliciti di un gran numero di esperienze individuali del passato e del futuro previsto.

La memoria autobiografica cresce di continuo insieme alle esperienze della vita, ma può essere parzialmente rimodellata per riflettere nuove esperienze. Insiemi di ricordi che descrivono la persona possono essere riattivati come configurazioni neurali e resi espliciti come immagini ogniqualvolta sia necessario.

Ogni ricordo riattivato funziona come un *"qualcosa da conoscere"* e genera il proprio impulso di coscienza nucleare. Il risultato è il sé autobiografico del quale siamo coscienti. Il sé autobiografico si basa su registrazioni permanenti ma disposizionali delle esperienze del sé nucleare. Queste registrazioni possono essere attivate e trasformate in immagini esplicite. Il sé autobiografico richiede la presenza di un sé nucleare per iniziare il proprio graduale sviluppo.

La coscienza autobiografica è il genere più complesso di coscienza. E' un fenomeno biologico complesso, con vari livelli di organizzazione, che si evolve nel corso della vita dell'organismo. Lo studio delle malattie neurologiche rivela, ad esempio, che le menomazioni della coscienza estesa non impedisce alla coscienza nucleare di rimanere intatta. Al contrario, i deterioramenti che iniziano al livello della coscienza nucleare demoliscono l'intero edificio della coscienza, facendo crollare anche la coscienza estesa.

La coscienza estesa è tutto ciò che è la coscienza nucleare, ma in meglio e più in grande. La coscienza estesa continua a dipendere dal medesimo sé nucleare, ma ora quel sé è collegato al passato e al futuro della propria documentazione autobiografica. Il sé dal quale si contempla questo ampio paesaggio è un concetto robusto nel vero senso della parola. E' un sé autobiografico.

La coscienza estesa emergerebbe da due espedienti:

1) Il primo richiede l'accumulo graduale di ricordi di molti esempi di una classe speciale di oggetti: gli oggetti della biografia del nostro organismo, illuminati dalla coscienza nucleare. Ognuno di questi ricordi autobiografici viene poi trattato dal cervello come un oggetto, diventando un induttore di coscienza nucleare.
2) Il secondo consiste nel mantenere attive, simultaneamente e per un notevole lasso di tempo, le numerose immagini la cui raccolta definisce il sé autobiografico e le immagini che definiscono l'oggetto. Il sé autobiografico si presenta soltanto in organismi dotati di una notevole capacità di memoria e di ragionamento, ma non ha bisogno del linguaggio.

Vi è coscienza estesa quando la memoria operativa tiene simultaneamente attivi sia un oggetto particolare sia il sé autobiografico, quando sia un oggetto particolare sia gli oggetti della propria autobiografia generano simultaneamente coscienza nucleare.

In questo processo sono importanti due influenze: quella del passato che si è vissuto e quella del futuro che si prevede. Il significato della maturità personale è che i ricordi del futuro, previsti per un momento che potrebbe arrivare, hanno in ogni istante un grande peso nel sé autobiografico. I ricordi degli scenari che concepiamo come desideri, obiettivi e obblighi esercitano in ogni momento una pressione sul sé.

Secondo Damasio, la coscienza è nata per far fronte alla necessità di sopravvivere. Per poter sopravvivere, ricorda l'autore, occorre trovare e incorporare fonti di energia e impedire ogni genere di situazione che minacci l'integrità dei tessuti viventi.

Senza agire, organismi come i nostri non sopravvivrebbero, poiché non troverebbero le fonti di energia necessarie per rinnovare la propria struttura e mantenersi in vita, non le sfrutterebbero e non le metterebbero al proprio servizio, e non si preoccuperebbero di sventare i pericoli ambientali. Ma di per sé le azioni, senza la guida delle immagini prodotte dalla coscienza nucleare e dalla coscienza estesa, non porterebbero lontano. Le buone azioni hanno bisogno anche di buone immagini.

Se le azioni sono alla base della sopravvivenza e se il loro potere è legato alla disponibilità di immagini guida, ne consegue che un dispositivo capace di massimizzare l'efficacia della manipolazione delle immagini fornirebbe vantaggi enormi facendo prevalere l'organismo cosciente nella lotta per l'evoluzione. La coscienza, nella forma in particolare del sé autobiografico, offre proprio questa capacità di elaborazione delle immagini. Secondo Damasio, la grande novità offerta dalla coscienza è la possibilità di collegare la regolazione della vita con l'elaborazione di immagini. Si tratta di un vantaggio reale perché la sopravvivenza in un ambiente complesso dipende dall'esecuzione dell'azione giusta.

- Localizzazione della coscienza

La triangolazione tra mente, comportamento e cervello è palese da più di un secolo e mezzo, da quando i neurologi Paul Broca e Carl Wernicke scoprirono un legame tra il linguaggio e certe regioni dell'emisfero cerebrale sinistro.

Le nuove tecniche d'indagine permettono di analizzare le lesioni con una ricostruzione tridimensionale del cervello del paziente vivo, mentre è in corso l'osservazione comportamentale o cognitiva.

In questo modo è possibile studiare il comportamento di pazienti con specifiche lesioni.

Operando in questo modo, Damasio ha scoperto che lesioni localizzate nelle aree della regione prefrontale, specie nel settore ventrale e mediale, e nella regione parietale destra, sono regolarmente associate alla comparsa del quadro clinico del deficit decisionale, cioè un disturbo della capacità di prendere decisioni vantaggiose in situazioni di rischio e di conflitto, spesso associato a profonde alterazioni del carattere e della percezione di emozioni e sentimenti.

Prima dell'insorgere del danno cerebrale, i pazienti non avevano mai dato mostra di tali menomazioni. I familiari e gli amici erano in grado di distinguere precisamente un "prima" e un "dopo", relativamente al momento della lesione neurologica. Tali risultati indicano che la riduzione selettiva dell'emozione nuoce alla razionalità non meno dell'eccesso di emozione. Quel che è certo è che le emozioni ben dirette e ben dispiegate paiono essere un sistema di appoggio senza il quale l'intero edificio della ragione non può operare a dovere.

Partendo da queste scoperte Damasio cerca di localizzare ogni livello di coscienza: il proto-sé, la coscienza nucleare e la coscienza autobiografica.

- *Localizzazione del proto-sé*

Quel che succede tipicamente in un'emozione è che certe regioni del cervello inviano comandi ad altre regioni cerebrali e quasi ad ogni parte del corpo, e che questi comandi viaggiano lungo due vie. Una è il flusso sanguigno, dove i comandi vengono inviati in forma di molecole di sostanze chimiche che agiscono sui recettori delle cellule che costituiscono i tessuti del corpo.

L'altra è una via neuronale e qui i comandi assumono la forma di segnali elettrochimici che agiscono su altri neuroni, su fibre muscolari o su organi (come la ghiandola surrenale), che a loro volta possono liberare nel flusso sanguigno le sostanze chimiche di propria produzione.

Il risultato di tali comandi chimici e neurali coordinati è un cambiamento globale dello stato dell'organismo.

15

La liberazione di sostanze quali le mono-ammine e i peptidi da regioni di nuclei del tronco encefalico e del prosencefalo basale altera la modalità di elaborazione di molti altri circuiti cerebrali, innesca alcuni comportamenti specifici e modifica la segnalazione degli stati del corpo al cervello. In altre parole, sia il cervello sia il corpo sono ampiamente e profondamente influenzati dall'insieme dei comandi, sebbene l'origine di tali comandi sia circoscritta a un'area cerebrale relativamente piccola che reagisce a un particolare contenuto del processo mentale.

Le strutture individuate da Damasio per realizzare il proto-sé sono:

1. Numerosi nuclei del tronco encefalico che regolano gli stati del corpo e proiettano i segnali del corpo. Lungo le catene di segnali che iniziano nel corpo e terminano nelle strutture più elevate e distanti del cervello, questa regione è la prima in cui un aggregato di nuclei segnali l'attuale stato complessivo del corpo, attraverso le vie del midollo spinale, del nervo trigemino, del complesso del vago e dell'area postrema. La regione tronco encefalica comprende i classici nuclei reticolari, come pure i nuclei mono-amminergici e colinergici.

2. L'ipotalamo ed il prosencefalo basale, interconnessi tra di loro e con le aree citate al punto precedente. L'ipotalamo contribuisce alla rappresentazione corporea corrente mantenendo aggiornato un registro dello stato del milieu interno secondo numerose dimensioni: il livello delle sostanze nutritive in circolo, come il glucosio, la concentrazione di vari ioni, la concentrazione relativa dell'acqua, il pH, la concentrazione di vari ormoni in circolo e così via. L'ipotalamo contribuisce a regolare il milieu interno sulla base di questo tipo di mappe.

3. La corteccia insulare, le cortecce note come S-II e le cortecce parietali mediali situate dietro lo splenio del corpo calloso, che fanno tutte parte delle cortecce somatosensive. La funzione di queste cortecce negli esseri umani è asimmetrica; in particolare, esse contengono la rappresentazione più integrata dello stato corrente interno dell'organismo, oltre a rappresentazioni dello schema della struttura muscoloscheletrica.

- Localizzazione del sé nucleare

Damasio ricorda che lo studio dei pazienti neurologici indica che, quando è annullata la coscienza nucleare, anche la coscienza estesa si spegne. Tuttavia, non è vero il contrario, in quanto le menomazioni della coscienza estesa sono compatibili con il mantenimento della coscienza nucleare.

La coscienza nucleare nasce dall'interazione di due attori, l'organismo e l'oggetto, e dai cambiamenti che questa interazione sta producendo. L'oggetto viene esibito in forma di configurazioni neurali, nelle cortecce sensitive appropriate alla sua natura. Per esempio, nel caso degli aspetti visivi di un oggetto, le configurazioni neurali si formano in una gran varietà di zone della corteccia visiva.

Secondo Damasio, il sé nucleare deve possedere un grado considerevole di invarianza strutturale per poter dispensare una continuità di riferimento nel corso di lunghi periodi. La continuità di riferimento è in effetti ciò che il sé deve necessariamente offrire. Questo perché anche se le rappresentazioni cambiano nel tempo, il "sé" non cambia, o quanto meno non nella stessa misura. Questa relativa stabilità provvede alla continuità di riferimento ed è quindi una condizione indispensabile per il sé. La ricerca di un substrato biologico del sé nucleare deve perciò identificare strutture capaci di procurare questo tipo di stabilità.

L'enigma delle radici biologiche del sé nucleare viene formulato da Damasio nel modo seguente:

"Che cosa è quella cosa che è unica, è sempre la stessa e fornisce alla mente uno scheletro?"

La risposta alla quale giunge Damasio è che la stabilità viene data dai confini dell'organismo. La vita esiste infatti all'interno di un confine, il muro selettivamente permeabile che separa il milieu interno dall'ambiente esterno. L'idea di organismo è imperniata sull'esistenza di tale confine.

Nel caso di un'unica cellula, il confine si chiama membrana. La vita è una variazione continua, ma soltanto se la variazione è contenuta entro certi limiti: la vita ha bisogno di un confine. E' quindi necessario studiare i dispositivi regolatori che mantengono la vita nei limiti, insieme alle rappresentazioni neurali integrate del milieu interno dei visceri e della struttura muscolo scheletrica che ritraggono lo stato della vita. Damasio afferma che se non c'è corpo, non c'è mente.

Il settore del milieu interno e viscerale ha l'incarico di rilevare i cambiamenti dell'ambiente chimico delle cellule in tutto il corpo. Il termine introiezione si riferisce in modo generico a queste operazioni di rilevazione.

Il modello del sé nucleare si basa su ri-rappresentazioni delle mappe di primo ordine in mappe di secondo ordine. Questa successione di ri-rappresentazioni costituisce una configurazione neurale che diventa, direttamente o indirettamente, la base per un'immagine – l'immagine di una relazione tra l'oggetto e il proto-sé modificato dall'oggetto stesso. L'essenza biologica del sé nucleare è la rappresentazione in una mappa del secondo ordine del proto-sé che viene modificato.

Vi sono molte strutture cerebrali capaci di ricevere segnali convergenti da varie fonti e, quindi, apparentemente in grado di costruire mappe del secondo ordine. Queste strutture devono realizzare una specifica combinazione di segnali provenienti da *"mappe dell'intero organismo"* e segnali provenienti da *"mappe dell'oggetto."* Se si tiene conto di questa esigenza si eliminano numerosi candidati: per esempio le cortecce di ordine superiore nelle regioni parietali e temporali, l'ippocampo e il cervelletto, coinvolti nella generazione di mappe del primo ordine. Inoltre, le strutture del secondo ordine devono essere in grado di esercitare un'influenza sulle mappe del primo ordine affinché le immagini dell'oggetto possano guadagnare risalto ed essere coerenti. Restano così in lizza i colliculi superiori, l'intera regione del cingolo, il talamo e alcune cortecce prefrontali. L'ipotesi di Damasio è che nessuna di queste strutture agisca da sola e che i diversi contributi alla coscienza siano di varia portata.

Damasio afferma che:

"i collicoli superiori e le cortecce del cingolo compongano indipendentemente una mappa del secondo ordine. Tuttavia, la configurazione neurale del secondo ordine prevista come base della nostra sensazione di conoscere è sovraregionale. Essa potrebbe risultare dall'azione concentrata dei collicoli superiori e del cingolo coordinati dal talamo, ed è ragionevole presumere che i componenti del cingolo e del talamo svolgano la parte del leone."

- Localizzazione del sé autobiografico

Le strutture associate al sé autobiografico vengono indicate da Damasio come strutture di secondo ordine (Damasio, 1999). Damasio afferma che una struttura del secondo ordine deve essere in grado di:

1) ricevere attraverso vie assoniche segnali provenienti da siti coinvolti nella rappresentazione del proto-sé e da siti che potenzialmente possono rappresentare un oggetto;
2) generare una configurazione neurale che *"descriva"*, con un qualche ordine temporale, gli eventi rappresentati nelle mappe del primo ordine;
3) introdurre, direttamente o indirettamente, l'immagine derivante dalla configurazione neurale nel flusso generale di immagini chiamato pensiero;
4) rimandare segnali, direttamente o indirettamente, alle strutture che elaborano l'oggetto in modo che l'immagine dell'oggetto possa essere messa in risalto.

Questi elementi critici scaturiscono da una rete continuamente riattivata che si basa su zone di convergenza situate nelle cortecce di ordine superiore temporali e frontali, oltre che in nuclei subcorticali quali quelli dell'amigdala. A dare il passo all'attivazione coordinata di questa rete composta di molteplici siti sono i nuclei del talamo, mentre il mantenimento dei componenti reiterati per lunghi intervalli di tempo richiede il sostegno delle cortecce prefrontali che partecipano all'attività della memoria operativa.

E' noto da tempo che le funzioni vitali, quali quelle del cuore, dei polmoni e dell'intestino, dipendono dal tronco encefalico, così come il controllo del sonno e della veglia. Pertanto, in un'area estremamente piccola, sono concentrate molte delle vie critiche che segnalano gli eventi chimici e neurali dal corpo al sistema nervoso centrale e che portano i segnali dal sistema nervoso centrale al corpo. Lungo queste vie critiche, vi sono miriadi di minuscoli centri che controllano molte attività vitali.

L'estesa lesione al tronco encefalico che causa solitamente il coma compromette molte strutture da quelle nei nuclei reticolari classici, che controllano notoriamente lo stato di veglia, ai nuclei non classici, che si adattano senza difficoltà al concetto di proto-sé. I nuclei cerebrali che si occupano principalmente di gestire il processo della vita e di rappresentare l'organismo sono strettamente contigui, e addirittura interconnessi, ai nuclei che si occupano del processo della veglia e del sonno, delle emozioni e dell'attenzione e, in definitiva, della coscienza.

In conclusione, Damasio vede emergere un dato di fatto molto importante dalla regione critica del tronco encefalico: tale regione sarebbe impegnata simultaneamente nei processi che riguardano lo stato di veglia, la regolazione omeostatica, l'emozione e il sentimento, l'attenzione e la coscienza. Una tale sovrapposizione di funzioni potrebbe sembrare casuale, ma secondo Damasio appare ragionevole se la si inserisce nello schema concettuale da lui sviluppato.

La regolazione omeostatica che comprende l'emozione, richiede periodi di veglia (per raccogliere l'energia), periodi di sonno (presumibilmente per ricostituire le riserve di sostanze chimiche necessarie all'attività dei neuroni), attenzione (per interagire in maniera adeguata con l'ambiente) e coscienza (di modo che possa avere luogo un livello elevato di pianificazione delle risposte concernenti l'organismo dell'individuo). L'attinenza al corpo di tutte queste funzioni e l'intimo legame anatomico dei nuclei al loro servizio sono del tutto evidenti.

Questa concezione è compatibile con l'idea classica di un dispositivo situato nella regione superiore del tronco encefalico capace di creare tipi particolari di stati elettrofisiologici nel talamo e nella corteccia. Di fatto, la proposta di Damasio si differenzia per due aspetti dalla visione classica: in primo luogo, offre un fondamento biologico all'origine e alla collocazione anatomica del proto-sé; in secondo luogo, presuppone che l'attività del proto-sé offra un contributo importante allo stato di coscienza, ma che non produca l'aspetto soggettivo che definisce la coscienza stessa.

Damasio suggerisce che i meccanismi che permettono la coscienza si siano imposti perché per l'organismo è utile conoscere le proprie emozioni. E poiché la coscienza si è imposta come tratto biologico, è diventata applicabile non soltanto alle emozioni, ma anche ai vari stimoli che portano alla loro realizzazione. Alla fine, la coscienza è diventata applicabile all'intera gamma dei possibili eventi sensoriali.

1.2 La coscienza secondo Edelman e Tononi

In questo paragrafo viene descritto sinteticamente il modello della coscienza proposto da Gerald Edelman e da Giulio Tononi. Tale modello si distingue da quello di Damasio in quanto introduce il concetto di integrazione ed amplificazione dei segnali neuronali e non individua un nucleo della coscienza.

Affrontando il tema dello studio scientifico delle basi neurali dell'esperienza cosciente, Edelman e Tononi aprono il loro saggio dal titolo intrigante di "*Un universo di coscienza*" (2000) con un riferimento a quello che Arthur Schopenhauer (1813) ha definito il "*nodo cosmico*": "*come può l'esperienza soggettiva essere correlata a eventi descrivibili oggettivamente?*"

Secondo gli autori, l'approccio migliore per sciogliere tale nodo è l'approccio scientifico ove si combinano "*teorie verificabili ed esperimenti sapienti.*" La coscienza non è dunque un tema unicamente pertinente alla filosofia, ma può essere affrontato attraverso la metodologia scientifica.

Nel corso dei secoli, sia la filosofia che la scienza hanno tentato di dare una spiegazione al dilemma rappresentato dalla coscienza.

Per quanto riguarda l'approccio filosofico, gli autori sottolineano che è assai improbabile che la filosofia, da sola, potrà mai pervenire a risolvere il dilemma rappresentato dalla coscienza e dal rapporto mente-corpo; semmai, essa può contribuire a rendere palese quanto questi dilemmi siano in realtà intrattabili. Ciò in quanto il puro pensiero da solo è inadatto a svelare le origini dell'esperienza cosciente in assenza di osservazioni ed esperimenti scientifici.

Per quanto riguarda la "scienza della mente", dai primi tentativi introspezionisti di Tichener e Külpe un notevole passo avanti è stato fatto nel momento in cui gli scienziati si sono focalizzati sulla ricerca dei correlati neurali della coscienza, grazie anche allo sviluppo tecnologico delle moderne neuroscienze.

Tuttavia, gli autori chiariscono subito che tutto ciò non equivale certo a correlare le caratteristiche della coscienza alle proprietà intrinseche di determinati neuroni localizzati in specifiche aree del cervello; tale tentativo è destinato a fallire dal momento che, secondo Edelman e Tononi, la coscienza non è un oggetto localizzabile in qualche parte del cervello, bensì un processo.

Lo scopo dichiarato degli autori è dunque quello di identificare e caratterizzare i processi neurali che possono spiegare le proprietà essenziali dell'esperienza cosciente.

Secondo la nuova prospettiva avanzata da Edelman, il substrato neurale della coscienza coinvolge ampie popolazioni di neuroni – in particolare le popolazioni del sistema talamocorticale – ad ampia distribuzione nel cervello. Per converso, nessuna area cerebrale in particolare è responsabile dell'esperienza cosciente.

Al fine di individuare i processi neurali dai quali emerge la coscienza, è necessario, secondo Edelman, capire il funzionamento globale del cervello.

A questo scopo, l'autore individua tre principali organizzazioni topologiche nel cervello, ognuna specializzata a svolgere funzioni specifiche:

1. Il sistema talamocorticale, che costituisce un insieme di circuiti separati ma al tempo stesso integrati. Questo sistema si incentra nel talamo, che riceve segnali sensoriali e di altra natura ed è reciprocamente connesso alla corteccia cerebrale. Sia la corteccia che il talamo sono suddivisi in molte aree funzionalmente separate. Le differenti aree corticali ed i rispettivi nuclei talamici sono anch'essi specializzati: alcune aree elaborano stimoli visivi, altre stimoli uditivi ed altre ancora stimoli tattili. Queste aree funzionalmente separate sono reciprocamente connesse attraverso il meccanismo del rientro, un concetto centrale nel modello della coscienza proposto da Edelman. Con il termine "rientro" si intende un processo di segnalazione anterogrado e retrogrado lungo connessioni reciproche tra diverse aree. Il rientro è uno scambio di tipo ricorsivo, uno scambio di segnali che procedono in parallelo tra aree interconnesse in cui vengono sincronizzate continuamente le attività di mappe neurali diverse.

2. Il meccanismo del rientro, tipico del sistema talamocorticale, rende possibile l'unità della percezione e del comportamento. Da qui, l'organizzazione del sistema talamocorticale sembra essere dedicata all'integrazione del prodotto di diverse aree cerebrali in una risposta unificata.

3. Il complesso dei circuiti in parallelo che collegano la corteccia al cervelletto, ai gangli della base e all'ippocampo e che, come un anello, proiettano nuovamente in corteccia, passando o meno per il talamo. Questa organizzazione seriale polisinaptica differisce molto dal sistema talamocorticale: le connessioni sono in genere unidirezionali e non reciproche, formano lunghi anelli, e relativamente poche sono le interazioni orizzontali tra circuiti differenti. Questi sistemi sembrano ritagliati per eseguire una varietà di complicate procedure motorie e cognitive, la maggior parte delle quali funzionalmente isolate l'una dall'altra. Ciò garantisce velocità e precisione nell'esecuzione dei compiti.

4. L'insieme diffuso delle proiezioni che partono dai nuclei del tronco cerebrale e dell'ipotalamo: il locus coeruleus noradrenergico, il nucleo del rafe serotoninergico, i nuclei

dopaminergici, i nuclei colinergici ed i nuclei istaminergici. Questi nuclei sembrano attivarsi alla comparsa di stimoli salienti (un forte rumore, un lampo di luce, un dolore improvviso) e proiettano diffusamente verso porzioni molto ampie del cervello, rilasciando neuromodulatori che influenzano l'attività e la plasticità neurali, nel senso che fanno variare la forza delle sinapsi nei circuiti neurali, producendo risposte adattive. Date queste caratteristiche, questi sistemi sono collettivamente indicati con il termine di sistemi di valore. Questi sistemi segnalano all'intero sistema nervoso la presenza di un evento saliente e causano la variazione della forza sinaptica.

Di queste tre architetture neurali quella che dagli autori è considerata cruciale per il costituirsi della coscienza è la prima.

Considerando i dati provenienti dagli studi di neuro-immagine, gli autori sostengono che processi neurali sottesi all'esperienza cosciente coinvolgono gruppi di neuroni ampiamente distribuiti (soprattutto facenti parte del sistema talamocorticale), coinvolti in forti e rapide interazioni rientranti.

Infatti, tali interazioni in corso tra molteplici aree cerebrali sono necessarie affinché uno stimolo sia percepito coscientemente. Gli autori danno una prova sperimentale di ciò attraverso degli esperimenti condotti in condizioni di rivalità binoculare, nei quali il soggetto, sottoposto ad una misurazione dell'attività cerebrale attraverso la MEG, guarda due stimoli incongruenti, un reticolo rosso verticale con l'occhio sinistro attraverso una lente rossa, e un reticolo blu orizzontale con l'occhio destro attraverso una lente blu.

Benché gli stimoli vengano presentati simultaneamente, il soggetto riferirà alternativamente dell'uno o dell'altro. In qualche modo, il sistema visivo, pur ricevendo segnali da entrambi gli stimoli, ne trasformerà in esperienza cosciente solo uno alla volta.

I risultati di questi studi indicano che:

1. il complesso di regioni cerebrali la cui attività si correla all'esperienza cosciente è ampiamente distribuito;

2. i processi neurali sottesi all'esperienza cosciente sono altamente coerenti, nel senso che la sincronizzazione tra regioni corticali distanti aumenta quando il soggetto è cosciente dello stimolo, rispetto a quando non lo è. La coerenza è quindi un indice del grado di sincronizzazione tra regioni del cervello, ed i valori della coerenza si possono considerare un riflesso della forza delle interazioni rientranti tra regioni cerebrali.

Questi risultati mostrano che, affinché vi sia esperienza cosciente, è necessaria la rapida integrazione dell'attività di regioni cerebrali distribuite attraverso interazioni rientranti. Questo aspetto della sincronizzazione neuronale, pur se necessario, non è però sufficiente, da solo, all'emersione dell'esperienza cosciente.

Sembra infatti che la coscienza richieda un'attività neurale non solo integrata, ma anche differenziata, ossia un'attività neurale che muta incessantemente e che sia differenziata nel tempo e nello spazio.

A riprova di ciò, gli autori sottolineano come due fenomeni caratterizzati dal venir meno della coscienza, come le crisi epilettiche generalizzate ed il sonno ad onde lente, siano tuttavia caratterizzati dall'ipersincronizzazione di vaste popolazioni neuronali. In questi stati, infatti, la maggior parte dei gruppi neuronali scaricano in sincronia, con il conseguente annullamento delle discriminazioni funzionali tra di essi. Gli stati cerebrali diventano così estremamente omogenei, e con la riduzione del repertorio di stati cerebrali soggetti a selezione, la coscienza stessa viene perduta.

Considerando la straordinaria unità o integrazione di ogni stato di coscienza, i processi neurali che alimentano l'esperienza cosciente devono di certo essere a loro volta integrati.

Per studiare i meccanismi alla base di questa integrazione tra aree funzionalmente separate, Edelman ha studiato il concetto di rientro in una simulazione su ampia scala del sistema visivo. Nessuna area di ordine superiore coordina le risposte del modello, creato tenendo conto della separazione funzionale della corteccia visiva: le unità neurali interne a ciascuna area separata del modello rispondono a proprietà diverse degli stimoli.

Ad esempio, gruppi di neuroni dell'area V1 simulati rispondono a caratteri elementari degli oggetti, come l'orientamento dei margini in una particolare posizione del campo visivo; gruppi di neuroni nell'area IT (inferotemporale) rispondono a classi di oggetti con una certa forma, indipendentemente dalla loro posizione nel campo visivo.

Questo modello è stato sottoposto ad alcuni compiti visivi, alcuni dei quali richiedevano l'integrazione di segnali prodotti dall'attività di molteplici aree funzionalmente separate. Ad esempio, un compito comportava la discriminazione di una croce rossa da una croce verde e da un quadrato rosso, tutti presentati simultaneamente nel campo visivo. Queste simulazioni hanno mostrato che l'integrazione (verificatasi molto rapidamente, dopo 100-250 millisecondi dalla presentazione dello stimolo) non è avvenuta in una sede particolare, ma mediante un processo coerente, ed è il risultato di interazioni rientranti tra gruppi neuronali distribuiti su molte aree.

Le simulazioni hanno rivelato che il rientro può risolvere il problema del legame accoppiando le risposte neuronali di aree corticali distribuite e realizzare quindi la sincronizzazione e la coerenza globali.

Il rientro è quindi il meccanismo neurale chiave per realizzare l'integrazione all'interno del sistema talamocorticale; tale integrazione, inoltre, può generare una risposta comportamentale unitaria.

A questo punto, Edelman si chiede cosa debba intendersi, esattamente, con il termine integrazione e come essa possa essere misurata. A questo fine introduce il concetto di *"aggregato funzionale,"* con il quale si indica un sottoinsieme di elementi che interagiscono con forza tra di loro e debolmente con il resto del sistema e che non si possono a loro volta scomporre in componenti indipendenti.

Per ottenere una misura dell'integrazione del sistema, Edelman ricorre al concetto di entropia statistica, una funzione logaritmica che riflette il numero di possibili andamenti di attività che il sistema può assumere, pesati in base alla loro probabilità di manifestarsi.

Se il sistema neurale è isolato (ossia non riceve alcun segnale dall'esterno) e al suo interno i gruppi neurali non interagiscono, potrà manifestarsi ogni possibile stato del sistema, ciascuno con uguale probabilità. L'entropia del sistema in questo caso coincide con la somma delle entropie dei suoi singoli elementi. Al contrario, se all'interno del sistema è presente qualche interazione, il numero di stati che questo può assumere sarà inferiore a quanto ci si aspetterebbe dal numero di stati che possono assumere i suoi elementi separati. L'integrazione misura così la perdita di entropia dovuta alle interazioni tra gli elementi del sistema integrato.

L'antilocalizzazionismo di Edelman e Tononi si conferma ancora di più nell'ipotesi del nucleo dinamico, secondo la quale l'attività di un gruppo di neuroni contribuisce direttamente all'esperienza cosciente se è parte di un aggregato funzionale caratterizzato da forti interazioni reciproche tra un insieme di gruppi neuronali e in un arco di tempo dell'ordine delle centinaia di millisecondi.

Per alimentare l'esperienza cosciente è essenziale che tale aggregato funzionale sia molto differenziato, come indicano elevati indici di complessità neurale; inoltre, l'aggettivo "dinamico" si riferisce al fatto che tale aggregato, pur mostrando notevole integrazione al suo interno, ha una composizione che muta costantemente nel tempo.

Il nucleo dinamico, generato in buona parte, anche se non esclusivamente, nel sistema talamocorticale, è dunque un processo, ed è definito mediante interazioni neurali piuttosto che attraverso la localizzazione specifica.

Per giungere ad una teoria generale della coscienza e per spiegare come si sia sviluppato il cervello, Edelman propone una teoria basata sulla selezione naturale di Darwin e nota come Darwinismo Neurale o Teoria della Selezione dei Gruppi Neuronali (TSGN). Secondo questa teoria, le funzioni cerebrali superiori sarebbero il risultato di una selezione che si attua sia nel corso dello sviluppo filogenetico di una data specie, sia sulle variazioni anatomiche e funzionali presenti alla nascita in ogni singolo organismo animale.

Sin dalla nascita, infatti, il cervello è dotato di una sovrabbondanza di neuroni e si organizza attraverso un processo molto simile al processo di selezione naturale proposto da Darwin per spiegare l'evoluzione delle specie viventi: a seconda del grado di effettivo utilizzo, alcuni gruppi di neuroni muoiono, altri sopravvivono e si rafforzano.

L'unità su cui si effettua la selezione non è il singolo neurone, bensì i gruppi di neuroni, costituiti da un numero variabile di cellule che va da alcune centinaia a molti milioni. La TSGN, che descrive l'evoluzione del sistema nervoso centrale e dà conto della sua elevata variabilità (fondamentale per la differenziazione degli stati di coscienza), si fonda su tre principi:

1. La selezione nello sviluppo: nel corso dello sviluppo embrionale i neuroni estendono miriadi di processi che si ramificano in molte direzioni. La ramificazione dà luogo ad un'ampia variabilità nei modelli di connessione dell'individuo creando un repertorio immenso di circuiti neurali. A quel punto, i neuroni rafforzeranno o indeboliranno le proprie connessioni in funzione dell'andamento della loro attività elettrica: i neuroni che scaricheranno insieme si cableranno congiuntamente. Il risultato sarà che i neuroni di un dato gruppo saranno più strettamente connessi fra di loro di quanto non lo siano con i neuroni di altri gruppi.
2. La selezione con l'esperienza: in sovrapposizione alla selezione dello sviluppo appena descritta, ed estendendosi per tutta la vita, si manifesta un processo di selezione sinaptica all'interno dei repertori dei gruppi neurali, come risultato dell'esperienza comportamentale.
3. Il rientro: il rientro favorisce la sincronizzazione dell'attività dei gruppi neuronali appartenenti a mappe cerebrali diverse, collegandoli in circuiti che emettono segnali in uscita coerenti in senso temporale. Il rientro è perciò il meccanismo centrale per consentire la coordinazione spaziotemporale dei diversi eventi sensoriali e motori.

1.3 La coscienza secondo Francisco Varela

Il modello di Francisco Varela rappresenta uno dei modelli più "globali" tra quelli che, nell'ambito delle neuroscienze, trattano il fenomeno della coscienza. Varela inizia il percorso verso lo studio della coscienza in un manoscritto pubblicato con Humberto Maturana e intitolato "*Autopoiesi: l'organizzazione dei sistemi viventi.*"

Il termine autopoiesi viene dal Greco e significa "*produrre se stesso.*"

Secondo Varela e Maturana l'autopoiesi individua gli elementi comuni nell'organizzazione di tutti i sistemi viventi. Un sistema autopoietico è, per questi autori, una unità autonoma in grado di compensare dinamicamente le perturbazioni che tendono a distruggerla.

Quando queste unità interagiscono e si organizzano tra di loro, senza perdere le rispettive identità, in un sistema autopoietico più ampio, si creano diversi ordini di autopoiesi, come ad esempio il passaggio dalla cellula al sistema nervoso.

L'autopoiesi ha a che fare con la domanda "*che cos'è la vita?*" e cerca di definire la vita, al di là delle differenze tra tutti gli organismi e i sistemi viventi, individuandone il comun denominatore (la cosiddetta "cellula minimale", che ha in sé tutto ciò che è comune alla vita) e giungendo così, nelle sue più ambiziose intenzioni, a discriminare tra vita e non vita.

L'autopoiesi è interessata ai processi collegati alla vita, ritenendo che questi possano portare alla definizione della coscienza.

Per Maturana e Varela, la coscienza emerge dalle caratteristiche di unità e di autonomia delle cellule da cui prende forma l'identità del sistema: il sistema vivente cerca di preservare questa identità a dispetto di tutte le fluttuazioni circostanti.

Varela afferma che la coscienza coincide con l'identità del sistema autopoietico.

Nel suo ultimo anno di vita Francisco Varela propose un programma di ricerca chiamato neurofenomenologia il cui scopo era unire la cibernetica, la neuropsicologia, la biologia teoretica, l'immunologia, l'epistemologia e la matematica al fine di descrivere la fenomenologia della coscienza.

Nell'articolo *"From autopoiesis to neurophenomenology"* (Rudrauf, 2003) Varela viene situato in un quadro di riferimento generale che accomuna tutti i sistemi viventi: il concetto dell'autonomia. Secondo Varela, le radici biologiche dell'individualità vanno ricercate nella natura unitaria, nell'unità coerente dei sistemi viventi dalla quale nasce l'autonomia. Dall'autonomia dei sistemi viventi e dal loro essere un'unità nasce l'identità, identità che è resistente a tutte le tendenze naturali che cercano di annientarla, come ad esempio la legge dell'entropia. Il sistema vivente si presenta come una unità stabile che si autocontiene e che afferma la sua identità e la sua autonomia dall'interno. Secondo Varela questa unità è il risultato di processi di codipendenza tra le diverse parti del sistema.

Al fine di non cadere nel vitalismo, Varela sottolinea più volte che il suo approccio è di tipo totalmente meccanicistico basandosi sui principi della cibernetica e della teoria generale dei sistemi. Tuttavia, il modello che nasce è diverso da quello delle macchine *"cartesiane"* di tipo input-output; infatti, i sistemi viventi sono caratterizzati dall'autoriproduzione di se stessi, mentre una macchina non è in grado di autoriprodursi.

Varela afferma che l'origine della vita deve essere ricercata nella proprietà dei sistemi viventi di autoriprodursi e per questo motivo considera l'autopoiesi come il meccanismo alla base della vita.

Secondo Varela, la nozione di autopoiesi è necessaria e sufficiente per definire che cos'è un sistema vivente. Dall'autopoiesi nasce una logica centrata sul sistema, sulla sua autonomia e sull'autosufficienza della sua organizzazione. In questo modo, secondo questo autore, si passa dalle macchine cartesiane input-output ai sistemi viventi che non sono altro che macchine dotate di autonomia, unità e autosufficienza.

In quest'ottica, Varela sottolinea che il comportamento finalizzato che viene osservato nei sistemi viventi altro non è che una distorsione, dovuta all'osservatore, che emerge quando questi cerca di riassumere il comportamento di un sistema vivente. Varela enfatizza così, nuovamente, che la cognizione e il comportamento sono per lui il risultato di processi meccanici e che la vita non è mossa da cause finali.

Per Varela il sistema vivente è di natura meccanica e le sue proprietà vanno ricercate nelle sue interazioni e nei suoi processi. In questa prospettiva, ciò che appare come comportamento intenzionale non è altro che la persistenza di specifici processi meccanici. Quindi, anche l'emergere della coscienza deve essere concepito come una conseguenza di processi meccanici.

Ad esempio, un atto intenzionale non è altro che una successione di atti meccanici che convergono verso determinati stati, una persistenza transitoria nel rapporto tra il sistema vivente e l'ambiente circostante. Nella visione di Varela la persistenza e la stabilità sono gli elementi dai quali nasce la coscienza. In ultima analisi, la mente si sviluppa dalla reciproca interazione tra ambiente e sistema vivente.

Per Varela la mente non risiede perciò unicamente nel cervello, ma in tutto l'organismo, in questi cicli di processi che collegano il sistema vivente con l'ambiente circostante. Dal momento che la mente nasce nell'interazione tra sistema vivente e ambiente circostante, non si può più dire se essa sia dentro o fuori dal corpo; per questo motivo, non è possibile localizzare la mente.

Oltre a non essere localizzabile, la mente ha, secondo Varela, anche la proprietà di esistere o non esistere a seconda dei processi e delle interazioni in atto tra sistema vivente e ambiente. Nonostante questa visione "immateriale" della mente, Varela sottolinea ripetutamente che non ha alcun dubbio sull'origine meccanica della coscienza e della mente, che diventano in questo modo entità meccaniche di tipo virtuale. Secondo questo modello, la mente è il risultato dei pattern dei processi, che interessano il nostro corpo fisico e la sua interazione con l'ambiente.

Di conseguenza, un osservatore esterno che volesse studiare la mente dovrebbe unire assieme i vissuti soggettivi dell'individuo, che il soggetto stesso riporta accuratamente applicando diversi metodi introspettivi nei quali viene addestrato, con la descrizione di come questi processi fisici si propagano attraverso tutto il sistema vivente attivandolo dinamicamente.

La coscienza è per Varela il risultato di un processo dinamico globale e deve essere studiata come tale. Egli giunge così alla conclusione che l'hard problem di Chalmers, ossia la questione della relazione tra la nostra esperienza soggettiva ed i processi fisici oggettivamente osservabili, richiede la nascita di una nuova neuroscienza sperimentale della mente in cui l'esperienza soggettiva si integri con il dato oggettivo.

2

LA COSCIENZA
SECONDO L'APPROCCIO DELLA
MECCANICA QUANTISTICA

Nel corso degli anni '30, mentre la psicologia era dominata dal comportamentismo che non reputava la coscienza un oggetto adeguato di indagine scientifica, le più importanti interpretazioni della meccanica quantistica facevano riferimento proprio alla coscienza per spiegare le peculiarità del mondo sub-atomico. Ad esempio, secondo l'interpretazione di Copenhagen la funzione d'onda collassa in una particella solo quando si opera un atto cosciente di osservazione, di misurazione del sistema sotto osservazione. Secondo questa ipotesi, la coscienza stessa crea la materia e non viceversa.

2.1. Una breve introduzione alla meccanica quantistica

La Meccanica Quantistica (MQ) o fisica quantistica è un complesso di teorie fisiche la cui elaborazione è iniziata nella prima metà del ventesimo secolo e che descrivono il comportamento della materia a livello microscopico, a scale di lunghezza inferiori o dell'ordine di quelle dell'atomo. La meccanica quantistica permette di interpretare fenomeni che, nell'opinione della maggior parte dei fisici contemporanei, non possono essere giustificati dalla meccanica classica. In questo capitolo viene descritta brevemente la nascita della MQ e presentati alcuni modelli con particolare attenzione all'interpretazione di John Cramer in cui viene utilizzata la duplice soluzione dell'energia e inserito il concetto di retrocausalità.

2.1.1 L'esperimento della doppia fenditura: la luce come onda

Il 24 novembre 1803 Thomas Young presentò presso la Royal Society di Londra l'esperimento della doppia fenditura, giungendo così alla dimostrazione della natura ondulatoria della luce:

"L'*esperimento di cui sto per parlare (...) può essere ripetuto con grande facilità, purché splenda il sole e con una strumentazione che è alla portata di tutti.*"

L'esperimento di Young era molto semplice, un raggio di sole veniva fatto passare attraverso un foro, una fenditura, di un cartoncino, quindi raggiungeva un secondo schermo, con due fori. La luce che attraversava i due fori del secondo schermo finiva infine su uno schermo, dove creava una figura di luci e ombre che Young spiegò come conseguenza del fatto che la luce si diffonde attraverso i due fori come onde.

Queste onde danno origine, nei punti dove si sommano, a fasce chiare (interferenza costruttiva), mentre nei punti dove non si sommano a fasce scure (interferenza distruttiva).

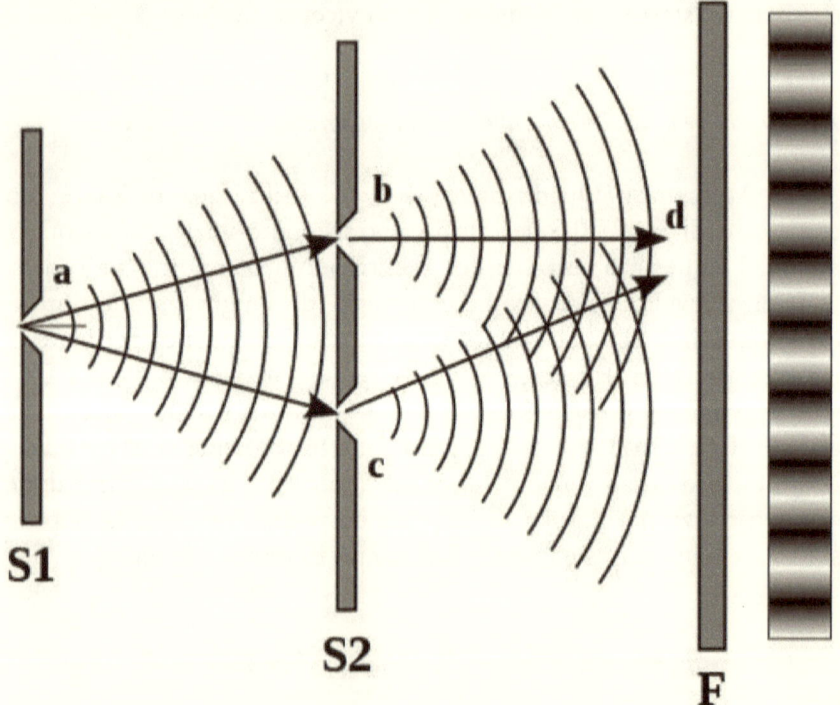

Esperimento della doppia fenditura di Young

L'esperimento di Young venne accettato come dimostrazione del fatto che la luce si irradia per mezzo di onde. Infatti, se la luce fosse stata costituita da particelle, non si sarebbero osserverete alternanze di luci e ombre, ma si sarebbero osservate solo due bande luminose, una per foro. Nell'esperimento della doppia fenditura la banda più luminosa si colloca tra i due fori, in corrispondenza della parte oscurata dallo schermo.

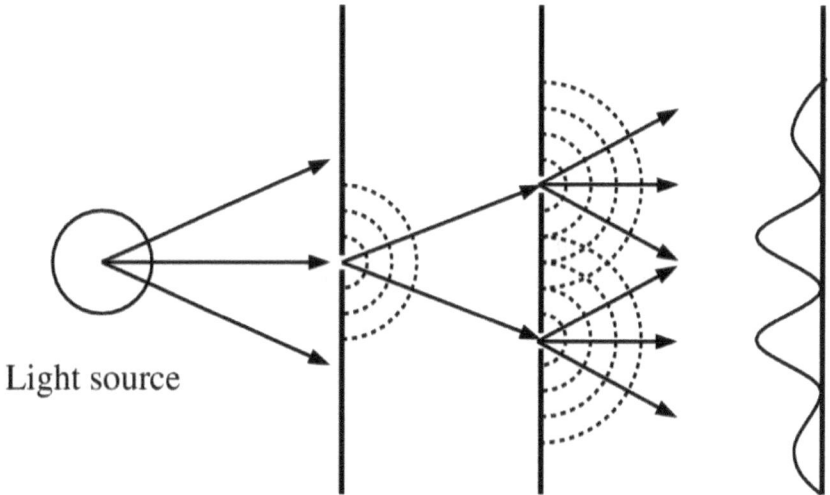

Intensità luminosa nell'esperimento della doppia fenditura di Young

L'esperimento di Young sulla natura ondulatoria della luce ha rappresentato un caposaldo della fisica fino a quando, a partire dal lavoro di Max Planck agli inizi del '900, la scienza andò sempre più scoprendo ciò che è oggi noto come dualismo onda/particella e che rappresenta uno dei principi fondamentali della meccanica quantistica.

2.1.2 Nascita della meccanica quantistica

Verso la fine del diciannovesimo secolo Lord Rayleigh e Sir James Jeans cercarono di estendere il principio statistico di equiripartizione, utilizzato per la descrizione delle proprietà termiche dei gas (particelle), alle radiazioni termiche (onde).

Il *Teorema di Equiripartizione*, dedotto matematicamente dai principi newtoniani della Meccanica, afferma che "*l'energia totale contenuta in un gas si ripartisce ugualmente (in media) fra tutte le particelle.*"

Il teorema di equiripartizione, applicato alle onde, portava però a prevedere l'esistenza del fenomeno della "*catastrofe ultravioletta*"; infatti, la radiazione termica si sarebbe concentrata nelle frequenze più elevate, la frequenza ultravioletta dello spettro, dando luogo a picchi infiniti di energia termica che avrebbero causato, appunto, la catastrofe ultravioletta.

La catastrofe ultravioletta non si manifestava in natura e questo paradosso venne risolto il 14 dicembre 1900 quando Max Planck presentò, ad un raduno della Società tedesca di fisica, un lavoro secondo il quale i livelli di energia sono quantizzati. Ovvero, l'energia non cresce o diminuisce in modo continuo, ma sempre per multipli di un *quanto di base*, una quantità che Planck definì come il prodotto hv dove v è la frequenza caratteristica del sistema preso in considerazione e h è una costante fondamentale, oggi nota come costante di Planck e che corrisponde a $6{,}6262 \cdot 10^{-34}$ joule $\cdot$ secondo.

Planck aveva concettualizzato la trasmissione dell'energia in forma di pacchetti discreti, alcuni grandi, altri piccoli, in funzione della frequenza di oscillazione del sistema. Al di sotto della frequenza minima del pacchetto di energia, l'intensità della radiazione veniva meno, impedendo così che questa crescesse agli altissimi livelli previsti dalla catastrofe ultravioletta.

Il 14 dicembre 1900 è oggi ricordato come la data in cui è nata la meccanica quantistica.

2.1.3 L'effetto fotoelettrico e la luce come particelle: i fotoni

L'effetto fotoelettrico consiste nel fatto che quando i raggi di luce colpiscono un metallo, il metallo emette degli elettroni. Questi elettroni possono essere individuati e le loro energie misurate.

Le analisi dell'effetto fotoelettrico, per vari metalli e con luci di frequenze differenti mostrano che:

1. fino ad una certa soglia di frequenza il metallo non emette elettroni;
2. sopra la soglia emette elettroni la cui energia resta la stessa;
3. l'energia degli elettroni cresce solo se si aumenta la frequenza della luce.

La teoria classica della luce non era in grado di spiegare questi fenomeni, ad esempio:

1. perché l'intensità della luce non aumentava l'energia degli elettroni emessi dal metallo?
2. perché la frequenza ne influenzava invece l'energia?
3. perché non venivano emessi elettroni sotto una determinata soglia?

Nel 1905 Einstein rispose a queste domande utilizzando la costante di Planck e ipotizzando che la luce, precedentemente considerata solo come onda elettromagnetica, potesse essere descritta in termini di quanti, ovvero pacchetti discreti di energia, particelle che oggi chiamiamo fotoni.

La spiegazione fornita da Einstein ebbe un ruolo chiave nella storia dello sviluppo della fisica quantistica, giacché trattava la luce in termini di fasci di particelle, invece che in termini di onde, aprendo così la strada alla dualità onda-particella.

La validità dell'ipotesi di Einstein fu dimostrata sperimentalmente nel 1915 da Robert Millikan che, per ironia, era motivato dall'intento opposto, cioè di dimostrare l'erroneità dell'ipotesi di Einstein.

Millikan dedicò una decina d'anni all'esame delle spiegazioni di Einstein sull'effetto fotoelettrico, sperimentando con sempre maggiore accuratezza.

Scoprì così che le teorie alternative fallivano, mentre l'interpretazione di Einstein si rivelava corretta.

Diversi anni dopo, lo stesso Millikan commentò:

"Ho dedicato dieci anni della mia vita ad esaminare quell'equazione del 1905 di Einstein, e contrariamente ad ogni mia aspettativa nel 1915 sono stato costretto ad ammettere la sua netta validità, nonostante la sua illogicità!"

Nel 1923 le ricerche di Arthur Compton dimostrarono che i quanti elettromagnetici si comportano esattamente come particelle, scambiandosi oltre all'energia anche il momento durante la collisione con gli elettroni.

2.1.4 L'esperimento della doppia fenditura: la dualità onda-particelle

L'esatto equivalente dell'esperimento di Young può oggi essere condotto servendosi di un fascio di elettroni.

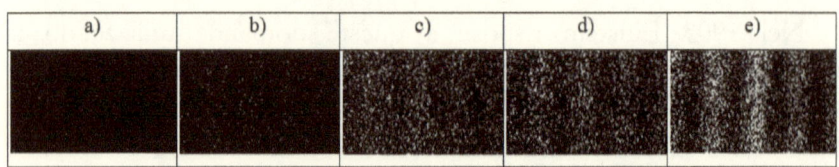

Esperimento della doppia fenditura realizzato con elettroni
a) dopo 10 elettroni; b) dopo 100 elettroni; c) dopo 3.000 elettroni;
d) dopo 20.000; e) dopo 70.000

Gli elettroni lanciati in un esperimento della doppia fenditura producono una figura d'interferenza sullo schermo rilevatore (in questo caso uno schermo simile a quello di un televisore) e devono quindi muoversi sotto forme d'onda. Tuttavia, all'arrivo, generano un solo punto di luce, comportandosi quindi come particelle. Si è quindi portati a concludere che gli elettroni viaggino come onde, ma giungono come particelle!

Se l'elettrone fosse una particella potremmo dedurre che ogni particella passa attraverso uno o l'altro dei due fori presenti nell'esperimento; tuttavia, la figura d'interferenza che si genera sullo schermo dimostra che si tratta di onde che attraversano i due fori contemporaneamente.

Le entità quantistiche si dimostrano quindi capaci di passare attraverso le due fenditure nello stesso istante; non solo, hanno anche una sorta di consapevolezza del passato e del futuro, cosicché ognuna di esse può scegliere di dare il suo contributo alla figura d'interferenza nel punto corretto, quello che contribuisce alla creazione della figura, anziché alla sua distruzione.

Secondo le parole di Richard Feynman nell'esperimento della doppia fenditura è racchiuso il mistero centrale della meccanica quantistica. Si tratta di un fenomeno *"in cui è impossibile, assolutamente impossibile, trovare una spiegazione classica, e che ben rappresenta il nucleo della meccanica quantistica. In realtà, racchiude l'unico mistero… Le peculiarità fondamentali di tutta la meccanica quantistica."* (Feynman, 1977)

2.1.5 Interpretazione di Copenaghen

Tra il 1930 ed il 1980 ha dominato, tra le spiegazioni del mondo quantistico, l'Interpretazione di Copenaghen (CI: Copenaghen Interpretation), secondo la quale la coscienza, tramite l'esercizio dell'osservazione, determina almeno in parte la realtà.

L'interpretazione di Copenaghen fu formulata da Niels Bohr e Werner Heisenberg durante la loro collaborazione a Copenaghen nel 1927.

Bohr e Heisenberg ipotizzarono un collegamento diretto tra coscienza e proprietà della Meccanica Quantistica riconoscendo alla coscienza (tramite l'esercizio dell'osservazione o misurazione del sistema), la capacità di far collassare la funzione d'onda determinando, in questo modo, la manifestazione della realtà stessa.

Secondo questa interpretazione, la coscienza sarebbe una proprietà immanente della realtà che precede e determina, attraverso l'osservazione ed il conseguente collasso della funzione d'onda, tutta la realtà esistente.

L'esperimento della doppia fenditura viene spiegato nel modo seguente:

1. l'elettrone lascia il cannone elettronico come particella;
2. si dissolve immediatamente in una serie di onde di probabilità sovrapposte, ovvero una sovrapposizione di stati;
3. le onde passano attraverso ambedue le fenditure e interferiscono reciprocamente fino a creare una nuova sovrapposizione di stati;
4. lo schermo rilevatore, compiendo una misurazione del sistema quantistico, fa collassare la funzione d'onda in una particella, in un punto ben definito dello schermo;
5. l'elettrone comincia ancora una volta a dissolversi in una nuova sovrapposizione di onde subito dopo la misurazione.

Componenti essenziali dell'interpretazione di Copenhagen sono:

1. Il principio di indeterminazione di Heisenberg, secondo il quale un'entità quantistica non ha un preciso momento e una precisa posizione nello stesso istante.
2. Il concetto di complementarità, ovvero il modo in cui le particelle quantiche hanno contemporaneamente gli attributi della particella e dell'onda.
3. L'equazione d'onda di Schrödinger, reinterpretata, come descrizione matematica della probabilità che l'elettrone (o qualsiasi altra entità) sia in un particolare stato.
4. La sovrapposizione degli stati, cioè tutte le possibili funzioni d'onda sono miscelate assieme finché la misurazione non ha luogo.
5. Il collasso della funzione d'onda che consegue all'atto della misurazione.

Secondo l'interpretazione di Copenaghen l'esistenza oggettiva di un elettrone in un certo punto dello spazio, per esempio in una delle due fenditure, non ha alcun senso indipendentemente da una osservazione concreta. L'elettrone sembra manifestare un'effettiva esistenza solo quando l'osserviamo.

La realtà viene creata, almeno in parte, dall'osservatore.

Quando Erwin Schrödinger si rese conto del modo in cui la sua funzione d'onda era stata reinterpretata, fino a diventare un'onda di probabilità dai connotati quasi mistici, commentò: *"Non mi piace, e non avrei mai voluto avere a che fare con qualcosa del genere!"*

Einstein prese subito le distanze dall'interpretazione di Copenaghen affermando che il ricorso alla coscienza e alla probabilità erano prove della incompletezza di tale interpretazione. Secondo Einstein ogni teoria scientifica doveva far uso della causalità. Einstein era solito sottolineare questa sua convinzione affermando che "Dio non gioca a dadi!"

2.1.6 L'EPR

Einstein non se la sentì mai di accettare che il caso avesse un posto entro le leggi della natura. Era convinto che la meccanica quantistica fosse corretta nell'assegnare le probabilità ai possibili esiti di un esperimento; ma riteneva pure che l'esigenza di ricorrere alle probabilità fosse dovuta solo alla nostra ignoranza di un livello più profondo della teoria, livello che doveva essere descrivibile da una fisica deterministica (priva cioè di struttura probabilistica). Einstein fu un critico feroce della teoria dei quanti proprio perché non riusciva ad accettare che la natura funzionasse in modo probabilistico: *"Dio decreta; Dio non gioca a dadi."*

Einstein si era convinto che mancasse qualcosa alla teoria dei quanti, che esistessero delle *variabili nascoste.*

In aggiunta, Einstein aveva a cuore altre nozioni che considerava intuitive, di buon senso, così come lo sono, di fatto, per la maggioranza delle persone.

Ad esempio, la nozione di località, secondo la quale ciò che accade in un luogo non può influenzare qualcosa che stia accadendo in un luogo molto distante, a meno che, ovviamente, non venga spedito in questa regione distante un segnale che possa influenzare ciò che sta succedendo in quella regione dello spazio.

Per tutta la vita Einstein tenne fede a tre principi che riteneva dovessero far parte di qualsiasi buona descrizione della natura:

1. Il livello di base della natura dovrebbe essere descritto, per principio, da una teoria deterministica, anche se alcune lacune nella umana conoscenza delle condizioni iniziali e delle condizioni al contorno potrebbero costringere gli esseri umani a ricorrere alla probabilità per poter effettuare predizioni sui risultati delle osservazioni.
2. La teoria dovrebbe includere tutti gli elementi della realtà.
3. La teoria dovrebbe essere locale: quello che accade qui dipende da elementi della realtà che sono localizzati qui.

Nel 1924 Pauli aveva scoperto che gli elettroni hanno uno spin, ossia girano su se stessi come una "trottola", e che un'orbita può essere occupata solo da due elettroni con spin opposto, uno che gira in senso orario e l'altro che gira in senso antiorario (principio di esclusione di Pauli).

Secondo questo principio, ogni coppia di elettroni che ha condiviso una stessa orbita rimane legata (entangled) continuando ad assumere spin opposti, indipendentemente dalla distanza che li separa.

Nel 1934 Einstein formulò un esperimento mentale che prese il nome di esperimento EPR (Einstein-Podolsky-Rosen) e che rimase irrisolto fino agli anni '80. In pratica Einstein si chiedeva:

"Supponiamo che due particelle siano entangled. Consideriamo ora un osservatore che si occupi di una delle due particelle in una zona molto distante dal punto in cui hanno interagito e che misuri la quantità di moto; allora, questo osservatore sarà ovviamente in grado di dedurre anche la quantità di moto dell'altra particella. Se, viceversa, egli scegliesse di misurare la posizione della prima particella, sarebbe comunque in grado di dire dove si trova esattamente l'altra. Come può lo stato finale della seconda particella venire influenzato da una misurazione effettuata sulla prima, dopo che ogni interazione fisica tra le due è cessata?"

2.1.7 L'esperimento di Aspect

L'EPR era stato presentato come un "esperimento mentale", inteso a dimostrare l'assurdità della fisica quantistica ponendo una contraddizione logica; in realtà, nessuno chiedeva che l'esperimento venisse realmente eseguito. Ma nel 1952 David Bohm propose una variazione dell'EPR che riguardava il comportamento dei fotoni, e nel 1964 John Bell dimostrò che la variazione di Bohm poneva le basi, in linea di principio, per un autentico esperimento.

A quell'epoca, in realtà, neppure lo stesso Bell riteneva che quel esperimento potesse davvero essere eseguito. Ma gli sperimentatori accettarono quasi subito la sfida. Nel giro di vent'anni diversi gruppi erano arrivati vicini all'esecuzione delle misurazioni richieste con la precisione richiesta; è comunemente accettato che sia stato proprio il risultato ottenuto dall'équipe di Aspect, pubblicato nel 1982, a sancire definitivamente che Einstein (e con lui il comune buonsenso) dovevano arrendersi alla realtà del mondo quantistico ed alla non-località delle sue regole.

La proprietà quantistica misurata da Aspect è la polarizzazione del fotone, che può essere immaginata come una freccia che punti o verso l'alto o verso il basso. E' possibile stimolare un atomo in modo che produca simultaneamente due fotoni, i quali si dirigono in due direzioni diverse. Nel complesso, le polarizzazioni dei due fotoni devono cancellarsi: se la freccia del primo è su, l'altra deve essere giù.

Ogni fotone nasce con una polarizzazione definita, e il suo partner con la polarizzazione opposta, ed entrambi mantengono tale caratteristica originaria nel loro viaggio nello spazio. Tuttavia, secondo l'interpretazione di Copenhagen, qualsiasi entità quantistica che abbia la possibilità di una scelta del genere esiste in una condizione di sovrapposizione di stati, ovvero una miscela delle due possibilità, finché (in questo caso) la sua polarizzazione non viene misurata.

A quel punto, e solo a quel punto, vi è ciò che viene definito "*collasso della funzione d'onda*", in seguito al quale viene fissata una delle due possibilità.

Tuttavia, la controparte del fotone che viene misurato deve anch'essa trovarsi in una sovrapposizione di stati, almeno fino al momento della misurazione. Poi, nel preciso istante in cui la misurazione del fotone A causa il collasso della funzione d'onda, la funzione d'onda del fotone B (che potrebbe, in linea di principio, trovarsi ormai dall'altra parte dell'universo) deve collassare nello stato opposto.

La risposta istantanea del fotone B a ciò che accade al fotone A è proprio ciò che Einstein definì *"azione fantasma a distanza."*

L'effettivo esperimento realizzato da Aspect misura la polarizzazione in base ad un angolo, che può essere variato, rispetto alle frecce all'insù e all'ingiù. La probabilità che un fotone con una certa polarizzazione passi attraverso un filtro disposto con un certo angolo dipende dalla sua stessa polarizzazione e dall'angolo tra la sua polarizzazione ed il filtro.

In una realtà non-locale mutare l'angolo con il quale si sceglie di misurare la polarizzazione del fotone A finirebbe per alterare la probabilità che il fotone B passi attraverso un filtro polarizzatore sistemato con un angolo diverso. Inoltre, l'esperimento non riguarda soltanto due fotoni, ma interi fasci di fotoni, ovvero serie di coppie correlate che sfrecciano attraverso l'apparecchiatura una dopo l'altra.

Bell aveva mostrato che se Einstein aveva ragione il numero di fotoni che passano attraverso il filtro polarizzatore B doveva essere inferiore a quello che passa attraverso il filtro A. Ciò prende il nome di disuguaglianza di Bell.

Tuttavia, l'esperimento di Aspect dimostra l'esatto contrario, che il primo valore (A) è in realtà sempre inferiore al secondo valore (B). Per dirla altrimenti, la disuguaglianza di Bell viene violata e il comune buonsenso incarnato da Einstein perde la sfida.

Sebbene l'esperimento di Aspect sia stato motivato proprio dalla teoria quantistica, il teorema di Bell ha implicazioni molto più vaste e la combinazione del teorema di Bell e dei risultati sperimentali rivela una delle verità fondamentali dell'universo, ovvero che ci sono rapporti di correlazione che hanno luogo istantaneamente, indipendentemente dal grado di separazione tra gli oggetti implicati.

Sembrano esistere segnali che possono viaggiare a velocità superiore a quella della luce.

2.1.8 Esperimento della scelta ritardata e retrocausalità

Il fisico John Wheeler propose l'esperimento della scelta ritardata partendo dagli esperimenti che mostrano che quando si colloca un rilevatore sulle fenditure e si analizza da quale fenditura passa il fotone la figura d'interferenza scompare. Nell'esperimento della scelta ritardata, il rilevatore viene collocato in un punto intermedio tra le due fenditure ed il rilevatore finale, in modo da osservare quale traiettoria viene assunta da ogni singolo fotone dopo il passaggio tra le due fenditure, ma prima di giungere al rilevatore finale.

La teoria quantistica dice che se si spegne il rilevatore intermedio e non si analizzano le traiettorie dei fotoni, questi formeranno una figura d'interferenza. Se però si osservano i fotoni per determinare da che fenditura sono passati, anche se l'osservazione è compiuta dopo che l'hanno attraversata, non ci sarà figura d'interferenza.

La "scelta ritardata" entra in gioco appunto perché è possibile decidere se analizzare il fotone (oppure la decisione può essere effettuata casualmente da un computer) dopo che il fotone è passato attraverso la/le fenditura/e. La decisione, secondo la teoria quantistica, sembra influenzare il modo in cui il fotone si comporta nel momento in cui passa per la/le fenditura/e, ovvero una frazione infinitesimale di tempo prima dell'osservazione.

Due esperimenti indipendenti compiuti all'Università del Maryland e all'Università di Monaco di Baviera, intorno alla metà degli anni '80, hanno confermato che ciò accade realmente. Il comportamento dei fotoni in entrambi gli esperimenti è stato influenzato dall'apparato sperimentale, anche se tale apparato subiva mutazioni mentre i fotoni erano già in viaggio; ciò implica che i fotoni hanno una sorta di precognizione della futura struttura dell'apparato, prima ancora di attraversarlo nel loro breve percorso.

La scala di tempo implicata è infinitesimale: solo qualche miliardesimo di secondo. Tuttavia, come lo stesso Wheeler aveva fatto notare, è possibile immaginare un esperimento analogo su scala addirittura cosmica.

Ad esempio, utilizzando la luce proveniente da un oggetto molto distante (un quasar) che raggiunge la Terra passando per due diversi percorsi, essendo stata curvata attorno a una grande galassia che si trovava sul tragitto, per via del fenomeno conosciuto come lente gravitazionale. In linea di principio, sarebbe possibile combinare la luce delle due immagini del quasar fino a creare una figura d'interferenza, dimostrando così che ha viaggiato nell'universo come un'onda, seguendo entrambi i possibili percorsi. Oppure si potrebbero monitorare i singoli fotoni, cercando di capire attraverso quale percorso siano arrivati, ma in tal caso non si formerebbe alcuna figura d'interferenza.

Dal momento che il quasar in questione potrebbe trovarsi a 10 miliardi di anni luce di distanza, si deduce che la nostra scelta sul metodo di misurazione influenza il modo in cui la luce si è messa in movimento 10 miliardi di anni fa, ovvero 5 miliardi di anni prima della nascita del nostro sistema solare. Se questa versione dell'esperimento della scelta ritardata potesse mai essere portata a termine, costituirebbe la prova più significativa che il mondo quantistico è influenzato da connessioni retrocausali, che operano a ritroso nel tempo.

2.1.9 Interpretazione transazionale e retrocausalità

L'interpretazione transazionale della meccanica quantistica è stata presentata nel 1986 da John Cramer dell'Università di Washington. Le previsioni sugli esiti degli esperimenti rimangono esattamente analoghe a quelle delle altre interpretazioni quantistiche, ma ciò che caratterizza questo modello è una diversa prospettiva su quanto sta accadendo, che molti trovano più semplice rispetto, per esempio, all'interpretazione di Copenhagen o alle altre interpretazioni della meccanica quantistica.

Cramer si è ispirato alla teoria assorbitore-emettitore di Wheeler-Feynman. La versione originale della teoria di Wheeler-Feynman era, a rigore di termini, una teoria classica, giacché non prendeva in considerazione i processi quantistici. Per poter applicare tali idee alla meccanica quantistica, c'era bisogno di un'equazione con una doppia soluzione, come quella di Maxwell, in cui una soluzione, relativa ad onde ritardate, individua energia che fluisce dal passato verso il futuro, mentre l'altra soluzione, relativa ad onde anticipate, individua energia che fluisce a ritroso dal futuro verso il passato.

A prima vista, la famosa equazione d'onda di Schrödinger non era adatta, perché descrive il flusso in un'unica direzione, dal passato al futuro. Tuttavia, come ogni fisico apprende all'università (per poi dimenticarlo subito dopo), tale equazione non è completa in quanto non prende in considerazione i requisiti della teoria della relatività. L'equazione d'onda completa (equazione di Klein-Gordon) comporta, invece, due soluzioni, una corrispondente alla semplice e più familiare equazione di Schrödinger, l'altra paragonabile a una sorta di immagine speculare dell'equazione di Schrödinger, che descrivere la propagazione a ritroso delle onde anticipate: dal futuro verso il passato.

La stessa equazione probabilistica fondamentale, sviluppata da Max Born nel lontano 1926, contiene un riferimento esplicito alla natura del tempo e ai due possibili tipi di equazione di Schrödinger, una che descrive le onde anticipate e l'altra che descrive le onde ritardate.

C'è un fatto importante: a partire dal 1926, ogni volta che i fisici hanno preso l'equazione di Schrödinger per calcolare le probabilità quantistiche, hanno di fatto preso in considerazione la soluzione delle onde anticipate, quindi l'influsso delle onde che viaggiano a ritroso nel tempo, senza neppure rendersene conto. Nell'interpretazione di Cramer la matematica, a partire dall'equazione di Schrödinger, è esattamente la stessa dell'interpretazione di Copenhagen.

La differenza sta, esclusivamente, nell'interpretazione. L'interpretazione di Cramer riesce nel "miracolo" di risolvere tutti i misteri e gli enigmi della fisica quantistica, rendendola, inoltre, compatibile con i presupposti della relatività ristretta.

La transazione tra onde ritardate, provenienti dal passato, e onde anticipate, provenienti dal futuro, dà luogo ad una entità quantistica con proprietà duali onda/particella. La proprietà delle onde è conseguenza dell'interferenza delle onde ritardate e anticipate e la proprietà della particella è dovuta alla localizzazione della transazione.

Questo miracolo si ottiene però al prezzo di accettare che l'onda quantistica possa realmente viaggiare a ritroso nel tempo. A prima vista, ciò è in aperto contrasto con la logica comune, che ci dice che le cause devono sempre precedere l'evento causato, ma il modo in cui l'interpretazione transazionale considera il tempo differisce dalla logica comune, giacché l'interpretazione transazionale include esplicitamente gli effetti della teoria della relatività.

L'interpretazione di Copenhagen tratta, invece, il tempo in modo classico, potremmo dire "newtoniano", e ciò è all'origine delle incongruenze che si manifestano ogni qualvolta si prova a spiegare i risultati di esperimenti come quello di Aspect e della doppia fenditura. Cramer, in pratica, ha scoperto un legame molto profondo tra relatività e meccanica quantistica e ciò rappresenta il nocciolo della sua interpretazione.

2.1.10 Altre interpretazioni della Meccanica Quantistica

Nel corso del tempo, sono nate varie interpretazioni del formalismo matematico della Meccanica Quantistica. Abbiamo già descritto l'interpretazione di Copenhagen (CI) e l'Interpretazione Transazionale di Cramer (TI). Altre interpretazioni sono, ad esempio:

HVT (*Hidden Variable Theories*): è una "famiglia" di interpretazioni basate sul presupposto che tutte le versioni abituali della Meccanica Quantistica siano incomplete, e che ci sia un livello di realtà sottostante (una sorta di mondo sub-quantistico) contenente informazioni addizionali sulla natura della realtà. Tali informazioni addizionali sono appunto presenti nella forma di variabili nascoste. Se i fisici conoscessero i valori delle variabili nascoste potrebbero prevedere con precisione i risultati di determinate misurazioni, e non dovrebbero accontentarsi della "probabilità" di ottenere certi risultati.

De Broglie-Bohm GWI (*Guide Wave Interpretation*): in questa interpretazione, proposta originariamente da L. De Broglie e poi migliorata e sostenuta da D. Bohm, ad ogni tipo di particella può essere associata un'onda che guida il moto della particella stessa, come un radar guida una nave. Da qui il termine teoria delle onde pilota. Matematicamente, tale onda pilota è descritta dalla classica funzione d'onda di Schrödinger della meccanica quantistica corretta però aggiungendo un fattore che rende conto dell'influenza pilotante sul moto delle particelle. A differenza dell'Interpretazione di Copenhagen, tale onda pilota è reale e permea tutto l'universo, guidando qualsiasi particella reale (come un fotone o un elettrone).

MWI (*Many Worlds Interpretation*): proposta da Everett agli inizi degli anni '50 e sostenuta da Wheeler, tale teoria consiste nell'idea che ogni qualvolta il mondo deve affrontare una scelta a livello quantistico (ad esempio, se un elettrone può scegliere in quale fenditura passare nel noto esperimento della doppia fenditura), l'universo si divide in due (ovvero in tante parti quante sono le scelte possibili), di modo che vengano realizzate tutte le possibili opzioni (nell'esperimento di cui sopra, in un mondo l'elettrone passa attraverso la fenditura A, nell'altro attraverso la fenditura B).

2.2 Modelli quantistici della coscienza

In questa sezione viene presentata una breve rassegna dei modelli quantistici della coscienza rinvenuti in letteratura.

Nella parte conclusiva vengono forniti due criteri di classificazione dei modelli giungendo così a selezionare unicamente quei modelli che nascono dall'unione della meccanica quantistica con la relatività ristretta.

Fino a pochi decenni fa, la sfera dei contenuti e degli stati coscienti non era reputata un oggetto adeguato di indagine scientifica. Essa appariva troppo sfuggente, troppo imparentata con concetti metafisici per poter essere ricondotta al modello naturalistico delle leggi universali e al rigore dei metodi e delle procedure di controllo in uso nella scienza.

A partire dagli anni '80, tuttavia, il vertiginoso progresso delle neuroscienze ha portato conferme sperimentali sempre più numerose sul legame esistente tra fenomeni cerebrali e processi mentali. Acquisita in tal modo una solida base fisiologica di riferimento, l'indagine sulla mente e sulla coscienza ha cessato di essere considerata un argomento di pura speculazione filosofica, per entrare a pieno titolo nel campo della ricerca scientifica.

Gli autori - scienziati e filosofi - che attualmente si interessano al problema della coscienza e degli stati mentali sono moltissimi, ed estremamente variegata è la gamma delle loro posizioni.

Le teorie sulla coscienza proposte negli ultimi decenni vanno dai modelli fondati sulla fisica classica (ad esempio i modelli avanzati da Paul Churchland, Antonio Damasio, Daniel Dennett, Gerald Edelman, Francisco Varela e John Searle) ai modelli di ultima generazione che tentano di fondare una spiegazione delle dinamiche coscienti sui principi della Meccanica Quantistica (MQ), quali i concetti fondamentali di dualismo onda-particella, collasso della funzione d'onda, retrocausalità, non località e campo unificato (ad esempio i modelli proposti da John Eccles, Stuart Hameroff, Roger Penrose e Chris King).

Malgrado i progressi finora ottenuti, una autentica comprensione dei fenomeni mentali appare ancor oggi un traguardo piuttosto lontano.

Verranno descritti brevemente, in ordine cronologico a partire dall'anno 1924, i modelli quantistici della coscienza rinvenuti in letteratura.

1925: Il modello di Alfred Lotka: la costante di Planck come linea di confine tra mondo oggettivo e mondo soggettivo

Il modello di Lotka, proposto prima della scoperta del principio di indeterminazione di Heisenberg e della formulazione dell'interpretazione di Copenhagen, può essere considerato il primo modello quantistico della coscienza. Lotka ipotizza due tipi di coscienza. La prima, da lui chiamata deterministica, corrisponde al mondo esterno dei fatti oggettivi. La seconda, da lui chiamata soggettiva, corrisponde al mondo interiore (qualia). Secondo Lotka, la coscienza del primo tipo (deterministica) è relativa a tutti quei fenomeni che si manifestano al di sopra della costante di Planck. A questo livello si ipotizzava che vigessero le leggi deterministiche della fisica newtoniana. La coscienza del secondo tipo (soggettiva) avrebbe invece luogo al di sotto della costante di Planck, dove le leggi della fisica newtoniana non hanno più modo di operare.

1930: Il modello di Niels Bohr: la coscienza crea la realtà attraverso il collasso della funzione d'onda

L'interpretazione di Copenhagen (CI), proposta da Niels Bohr e Werner Heisenberg, ipotizza un collegamento diretto tra coscienza e proprietà della Meccanica Quantistica. Infatti, la CI riconosce esplicitamente alla coscienza (tramite l'esercizio dell'osservazione o misurazione del sistema), la capacità di far collassare la funzione d'onda determinando, in questo modo, la manifestazione della realtà stessa.

Secondo il modello proposto da Bohr e Heisenberg, la coscienza sarebbe una proprietà immanente della realtà che precede e determina, attraverso l'osservazione ed il conseguente collasso della funzione d'onda, tutta la realtà esistente.

1941: Il modello di Luigi Fantappiè: onde anticipate e coscienza

Il punto di partenza del modello di Fantappiè è fisico-matematico: l'operatore di d'Alembert. Tale operatore fu ottenuto da Klein e Gordon nel 1927, quando riscrissero l'equazione d'onda di

Schrödinger al fine di renderla compatibile con gli assunti della relatività ristretta.

L'operatore di d'Alembert prevede due tipi di onde: onde ritardate che divergono dal passato verso il futuro e onde anticipate che divergono a ritroso nel tempo, dal futuro al passato e che, per noi che ci muoviamo avanti nel tempo, corrispondono ad onde convergenti.

Studiando le proprietà matematiche di queste onde Fantappiè scoprì che le onde divergenti sono governate dalla legge dell'entropia, mentre le onde convergenti sono governate da una legge simmetrica, che porta alla creazione di differenziazione e ordine, e che Fantappiè chiamò la legge della sintropia. In particolare, Fantappiè identificò nell'organizzazione dei sistemi viventi la manifestazione della sintropia, ossia delle onde anticipate. Partendo dalle proprietà matematiche della sintropia e dell'entropia, Fantappiè giunse a formulare un modello della coscienza articolato sui seguenti punti:

1. *Libero arbitrio*: elemento costitutivo della coscienza, viene visto da Fantappiè come conseguenza di uno stato costante di scelta tra informazioni provenienti dal passato e sollecitazioni provenienti dal futuro.
2. *Sentimento di vita*: altro elemento costitutivo della coscienza è, secondo Fantappiè, il sentimento di vita, quale diretta conseguenza delle onde convergenti, che si muovono a ritroso nel tempo, dal futuro verso il passato. Fantappiè sostiene questa affermazione argomentando che, nel momento in cui i sensi del mondo esterno oggettivo si affievoliscono, come negli stati di meditazione profonda, le persone sperimentano forme di coscienza in cui passato, presente e futuro coesistono. La coesistenza di passato, presente e futuro discende direttamente dai principi della relatività ristretta e dalla loro applicazione nell'equazione di Klein-Gordon.
3. *Memoria non locale*: Fantappiè ipotizza, come conseguenza del principio della sintropia, l'esistenza di collegamenti non locali nell'universo. Ad esempio, la memoria dei sistemi viventi potrebbe manifestarsi come collegamenti non locali con eventi passati che, in base all'equazione di Klein-Gordon, sono tuttora presenti.

L'impostazione di Fantappiè può essere oggi ritrovata nell'Interpretazione Transazionale della MQ (TI) e nel modello della coscienza proposto da Chris King (1989).

1963: Il modello James Culbertson: lo psicospazio

Secondo Culbertson la memoria è alla base della coscienza, e nasce nel momento in cui la materia cambia il suo stato nel tempo. In altre parole, la memoria non è altro che il risultato di connessioni che si stabiliscono tra stati distinti dello spazio-tempo. La memoria non è quindi il frutto di dati che vengono immagazzinati nel cervello, ma di collegamenti tra momenti distinti dello spazio-tempo. Di conseguenza, Culberston afferma che la coscienza non risiede nel cervello, ma nello spazio-tempo dove risiede la memoria stessa. Per descrivere questo concetto, Culberston conia il termine di psico-spazio. Dal momento che tutti gli oggetti della natura cambiano il proprio stato nel tempo, Culberston arriva alla conclusione che tutti gli oggetti della natura potrebbero essere dotati di coscienza.

1967: Il modello di Umezawa e Ricciardi
Quantum Field Theory e Quantum Brain Dynamics (QFT)

Nel 1967 Luigi Maria Ricciardi e Horoomi Umezawa proposero un modello della coscienza basato sulla Teoria Quantistica dei Campi (QFT, Quantum Field Theory). Le funzioni più elevate ed evolute del cervello vengono viste come conseguenza di fenomeni quantici di ordine collettivo. In particolare, la memoria viene associata ai "vacuum states". Nella QFT i vacuum states sono i livelli più bassi di energia in cui, per definizione, non sono contenute particelle. La stabilità dei vacuum states li rende ideali come unità di memoria. Umezawa e Ricciardi sottolineano che una delle proprietà dei vacuum states è quella di consentire correlazioni e forme di ordine che possono estendersi fino al livello macroscopico, producendo campi che interagiscono con il sistema neurale. Secondo Umezawa, la coscienza sarebbe il risultato della totalità dei processi fisici di tipo quantistico, mentre il sistema nervoso sarebbe relegato alla sola funzione di trasmissione dei segnali macroscopici. Il modello di Umezawa è stato ripreso e sviluppato ulteriormente da Giuseppe Vitiello.

1968: Il modello di Herbert Fröhlich
l'ordine dei condensati di Bose-Einstein

I condensati di Bose-Einstein sono uno stato della materia che si raggiunge a temperature estremamente basse. Questi condensati si manifestano come strutture estremamente "ordinate", e l'ordine raggiunto è tale che tutte le particelle, che compongono il condensato, si comportano come se fossero un'unica particella. Nel 1968 Fröhlich mostrò che durante la digestione tutti i dipoli si allineano e oscillano in modo perfettamente coordinato. Di conseguenza, Fröhlich ipotizzò che ciò potesse portare, nelle membrane cellulari a temperatura ambiente, alla formazione di condensati di Bose-Einstein. Una proprietà dei condensati di Bose-Einstein è che essi consentono di amplificare i segnali e di codificare le informazioni, elementi che, secondo Fröhlich, sono alla base della coscienza.

1970: Il modello di Evan Walker: il tunneling sinaptico

Nella meccanica quantistica, con il termine effetto tunneling si indica il fenomeno per cui una particella viola i principi della meccanica classica oltrepassando una barriera (ad esempio una differenza di potenziale) più forte dell'energia cinetica della particella stessa. Secondo Walker, grazie all'effetto tunneling gli elettroni possono passare da un neurone adiacente all'altro, creando così un network neurale "virtuale" (e parallelo a quello macroscopico o "reale") a cui sarebbe associata la coscienza. Il sistema nervoso reale opera attraverso messaggi sinaptici, mentre il sistema nervoso virtuale opererebbe attraverso effetti di tunneling quantico. Il sistema nervoso reale seguirebbe le leggi della fisica classica, mentre il sistema nervoso virtuale seguirebbe le leggi della meccanica quantistica. La coscienza sarebbe perciò il prodotto delle leggi della meccanica quantistica, anche se il comportamento del cervello può essere descritto in base alle leggi della fisica classica.

1971: Il modello di Karl Pribram: Modello Olonomico della mente

Nel suo modello, Karl Pribram propone una ipotesi olografica della memoria e della mente. Un ologramma è una fotografia tridimensionale prodotta con l'aiuto di un laser. Per creare un ologramma, l'oggetto da fotografare è prima immerso nella luce di un raggio laser, poi un secondo raggio viene fatto rimbalzare sulla luce riflessa del primo e lo schema risultante dalla zona di interferenza dove i due raggi si incontrano viene impresso sulla pellicola fotografica. Quando la pellicola viene sviluppata risulta visibile solo un intrico di linee chiare e scure che, illuminato da un altro raggio laser, lascia emergere l'oggetto originale.

La tridimensionalità di tali immagini non è l'unica caratteristica interessante degli ologrammi; infatti, se ad esempio l'ologramma di una rosa viene tagliato a metà e poi illuminato da un laser, si scoprirà che ciascuna metà contiene ancora l'immagine intera della rosa. Anche continuando a dividere le due metà, vedremo che ogni minuscolo frammento di pellicola conterrà sempre una versione più piccola, ma intatta, della stessa immagine.

Diversamente dalle normali fotografie, ogni parte di un ologramma contiene tutte le informazioni possedute dall'ologramma integro. Secondo la visione di Pribram, i ricordi non sono "immagazzinati" in qualche area del cervello, ma si celano negli schemi degli impulsi nervosi che si intersecano attraverso tutto il cervello, proprio come gli schemi dei raggi laser che si intersecano su tutta l'area del frammento di pellicola che contiene l'immagine olografica.

Secondo questo modello, inoltre, ogni sensazione viene trasformata dal cervello in un'onda, e tutte le onde interferiscono tra loro generando così gli ologrammi. Le stesse equazioni utilizzate per analizzare gli ologrammi (le trasformazioni di Fourier) sono utilizzate, secondo l'autore, dal cervello per analizzare i dati sensoriali.

1980: Il modello di David Bohm: l'ordine implicato

Bohm introduce i concetti di ordine implicato e di ordine esplicato. Nell'ordine implicato non vi è differenza tra mente e materia, mentre nell'ordine esplicato la mente e la materia si separano. Quando ci muoviamo all'interno della materia, ossia nel mondo quantistico del microcosmo, l'ordine implicato emerge, mentre quando ci muoviamo al di sopra del livello di azione della MQ, ossia nel macrocosmo, l'ordine esplicato prende il sopravvento. Secondo Bohm la coscienza coincide con l'ordine implicato.

Nell'ordine implicato le particelle prendono forma, si "in-formano" attraverso il collasso della funzione d'onda, e quindi l'ordine implicato coincide con il processo di in-formazione (prendere forma). Bohm era solito spiegare l'ordine implicato riportando l'esempio della musica.

Quando ascoltiamo un brano musicale, infatti, percepiamo l'ordine implicato nel suono (cioè l'informazione associata al suono come esperienza soggettiva dell'ascolto del brano musicale) e non solo l'ordine esplicato dal suono (parametri fisici del suono, come la frequenza e l'ampiezza delle onde sonore).

Secondo Bohm, ogni particella materiale è dotata di una rudimentale qualità mentale. Il processo dell'in-formazione, cioè del prendere forma da parte della materia, costituisce il ponte tra le qualità mentali e le qualità materiali delle particelle. Al livello più basso della realtà, cioè al livello della MQ, i processi mentali (coscienti) e quelli fisici sarebbero essenzialmente la stessa cosa.

1987: Il modello di Nick Herbert: la coscienza pervasiva

Secondo Herbert la coscienza è una proprietà che pervade tutta la natura, ed è una componente fondamentale dell'universo come lo sono le forze e le particelle. Herbert giunge a questa affermazione analizzando i principi di probabilità, di assenza di materia (gli oggetti si formano solo quando vengono osservati) e di interconnessione (entanglement). Secondo Herbert, questi tre principi sono direttamente collegati alle tre caratteristiche fondamentali della coscienza: libero arbitrio, ambiguità di fondo ed interconnessione psichica.

1989: Il modello di John Carew Eccles: gli psiconi

John Carew Eccles, premio Nobel per la fisiologia nel 1963, scoprì che in tutti i tipi di sinapsi a trasmissione chimica gli impulsi che invadono un reticolo vescicolare presinaptico determinano al massimo una sola esocitosi.

Esiste un principio di conservazione al livello del trasmettitore sinaptico, attraverso un processo ancora sconosciuto di complessità superiore. L'esocitosi è l'attività unitaria fondamentale della corteccia cerebrale. Con i principi della meccanica quantistica è possibile spiegare la bassa probabilità di emissioni quantiche (esocitosi) in risposta agli impulsi nervosi.

Eccles introduce gli psiconi, particelle di coscienza, che ipotizza abbiano la capacità di connettersi insieme per offrire un'esperienza unificata. Prove sempre più numerose, secondo Eccles, indicano che il complesso processo dell'esocitosi e la sua natura probabilistica sono governati da transizioni quantistiche fra stati molecolari metastabili. Per Eccles, la mente è un campo non-materiale; l'analogo più simile è forse un campo di probabilità.

La coscienza appartiene ed è evocata dall'attenzione che agisce su aree selezionate della corteccia cerebrale determinandone l'eccitazione.

1989: Il modello di Ian Marshall: Quantum Self Theory

Il lavoro di Marshall prende le mosse dalla proposta di Fröhlich e collega le proprietà olistiche della coscienza con l'eccitazione dei condensati di Bose-Einstein.

Quando i condensati vengono eccitati da un campo elettrico, si ha un'esperienza cosciente. Marshall ipotizza che il collasso della funzione d'onda vada sempre verso la formazione di condensati Bose-Einstein e che vi sia quindi una tendenza universale verso la creazione di vita e coscienza (principio antropico).

Le mutazioni non avverrebbero quindi in modo casuale, ma tenderebbero verso la formazione di vita e coscienza. Il mondo mentale (l'esperienza conscia) coinciderebbe con i bosoni (particelle attrattive come i gravitoni e i gluoni che stabiliscono "relazioni" e possono condividere gli stessi stati), mentre il mondo materiale coinciderebbe con i fermioni (elettroni, protoni, neutroni) in cui non vi è condivisione degli stessi stati.

1989: Il modello di Michael Lockwood: l'interpretazione "Many Minds"

Il modello di Lockwood si riferisce esplicitamente all'interpretazione della MQ denominata Many Worlds (vedi capitolo precedente).

Secondo Lockwood, le sensazioni sono attributi intrinsechi degli stati fisici del cervello e sussisterebbero tutte contemporaneamente, creando un sistema a tante "menti" quante sono le combinazioni di tutti gli stati mentali possibili.

La coscienza andrebbe poi a "selezionare" nel cervello le sensazioni, estraendole da tutte le possibili, ma non le creerebbe.

1989: Il modello di Roger Penrose e Stuart Hameroff
ORCH-OR, Orchestrated Objective Reduction

Penrose parte dal presupposto che la realtà sia composta da 3 mondi: il mondo platonico, il mondo fisico ed il mondo mentale. Mentre nell'interpretazione di Copenhagen il mondo fisico viene creato dal mondo mentale tramite l'osservazione che determina il collasso della funzione d'onda, nel modello di Penrose e Hameroff questi mondi sono separati e interagiscono tra loro attraverso il collasso della funzione d'onda. Penrose e Hameroff suggeriscono che nei microtubuli, strutture di tubulina che formano il citoscheletro dei neuroni, abbia luogo, ogni 25 msec, il collasso della funzione d'onda (OR), producendo così un'esperienza cosciente, cioè portando il mondo mentale ad entrare in contatto con il mondo fisico. Secondo gli autori l'insieme dei collassi della funzione d'onda darebbe origine al flusso della coscienza e ad una *"orchestrazione"* (ORCH), cioè a processi di computazione quantica che si autoorganizzano.

1989: Il modello di Chris King: Supercausalità e coscienza

Il matematico Chris King propone un modello fondato sull'interpretazione transazionale della meccanica quantistica (Cramer, 1986) che, come si è visto nel capitolo precedente, parte dalla duplice soluzione dell'equazione d'onda relativizzata (equazione di Klein-Gordon). King afferma che gli oggetti quantici si trovano costantemente di fronte a biforcazioni (sollecitazioni provenienti dal passato e sollecitazioni provenienti dal futuro) che possono essere superate unicamente operando scelte.

King ricorda i lavori di Eccles, Penrose e Hameroff che dimostrano l'esistenza di strutture quantiche nei sistemi viventi e giunge così ad ipotizzare che i sistemi viventi stessi siano influenzati non solo dalla causalità ma anche dalla retrocausalità (supercausalità).

Ciò porrebbe i sistemi viventi in uno stato costante di scelta che, secondo King, è una caratteristica comune a tutti i livelli dell'organizzazione biologica, dalle molecole fino alle macrostrutture.

Dal momento che le unità fondamentali di un organismo biologico agirebbero ognuna in base al libero arbitrio, e considerato che gli esiti di questo libero processo di scelta non sono determinabili a priori, il sistema stesso dovrebbe manifestare costantemente dinamiche caotiche e sfuggire così ad un approccio di studio puramente deterministico. King individua due livelli di spiegazione della coscienza.

Nel primo livello, l'informazione si trasferisce dalla mente al cervello, attraverso le scelte operate esercitando il libero arbitrio; nel secondo livello, l'informazione passa dal cervello alla mente, grazie alla selezione e all'amplificazione dei segnali (ad esempio i segnali sensoriali ricevuti dai recettori periferici, ma anche i segnali interni) operata dalle dinamiche caotiche (ad esempio le strutture frattali) del cervello.

1990: Il modello di Matti Pitkänen: TGD, Topological Geometro Dynamics

Il modello TGD della coscienza si basa sull'ipotesi di salti quantici che coinvolgono momenti diversi del tempo (quantum jumps between quantum histories) e sul concetto che tutto è coscienza. In base a questo modello si parte da uno stadio iniziale di massima coscienza che diminuisce progressivamente via via che le particelle sviluppano interconnessioni tra di loro (entanglement). In altre parole, il Sé rimarrebbe cosciente finché non è entangled e la coscienza può solo essere persa.

1992: Il modello di Alex Kaivarainen: modello gerarchico della coscienza

Il modello gerarchico di Kaivarainen parte dal presupposto che l'eccitazione neurale dipenda da un insieme di onde:

- termiche (onde di de Broglie – onde B)
- elettromagnetiche (onde IR)
- acustiche (onde tr)
- gravitazionali (onde lb).

A tal fine vengono inseriti 4 nuovi tipi di particelle:

- Effectons (per le onde tr e lb);
- Convertons (per l'interazione tra onde tr e lb);
- Transitons (per gli stati tr e lb);
- Deformons (superposizioni di transitons e convertons).

Questo modello porterebbe, secondo l'autore, a giustificare condensati di materia nelle cellule.

1993: Il modello di Henry Stapp
Quantum State Reduction and Conscious Acts

Il modello di Stapp si basa sul concetto che la coscienza crea la realtà (interpretazione di Copenhagen). Stapp parte dall'affermazione di Von Neumann secondo la quale l'universo è il risultato oggettivo di atti soggettivi (di osservazione) per giungere all'affermazione che ciò che esiste è l'esperienza soggettiva, e che l'unica cosa che possiamo conoscere sono le nostre stesse percezioni. Il modello della coscienza di Stapp è tripartito:

1. La realtà è una sequenza di eventi finiti nel cervello.
2. Ogni evento si traduce in un aumento di conoscenza.
3. La conoscenza è la conseguenza di sistemi che osservano.

1995: Il modello di Kunio Yasue: Quantum Brain Dynamics

Yasue Kunio e Jibu Mari partono dal modello di Umezawa per sviluppare una neurofisica quantistica nella quale le onde cerebrali vengono rappresentate per mezzo dell'equazione di Schrödinger.

Il cervello diventa così un sistema quantistico macroscopico.

Yasue ipotizza che la coscienza emerga dall'interazione tra i campi elettromagnetici e i campi molecolari dell'acqua nelle proteine.

L'evoluzione della funzione d'onda neurale non sarebbe random (probabilistica), ma sarebbe funzionale all'ottimizzazione dell'azione dei neuroni, giungendo così ad un modello cibernetico della coscienza non basato su reti neurali fisiche, ma sul concetto delle interazioni tra onde.

1995: Il modello di Giuseppe Vitiello: modello dissipativo della coscienza (QFT)

Il modello proposto da Vitiello si fonda sulla QFT (Quantum

Field Theory) e riprende il lavoro di Umezawa, nel quale i "vacuum states" erano considerati come unità di memoria.

L'autore parte dalla considerazione che un problema lasciato aperto da Umezawa è quello della capacità di memoria. Infatti, nel modello di quest'ultimo, le nuove informazioni sovrascrivono quelle precedenti.

Nel tentativo di ovviare a questo limite, Vitiello propone un modello dissipativo della coscienza, nel quale i sistemi viventi si comportano come sistemi dissipativi proprio allo scopo di abbassare le temperature interne e permettere la formazione di vacuum states (che richiedono temperature molto più basse di quelle corporee).

Quando si considera il cervello come un sistema dissipativo, è necessario tener presente, nel formalismo matematico della QFT, l'ambiente, il cui ruolo è appunto quello di assorbire l'energia dissipata dal sistema. Vitiello giunge, dal punto di vista del formalismo matematico della QFT, ad affermare che l'ambiente, per poter espletare la propria funzione assorbitrice, debba avere il verso del tempo orientato in direzione opposta rispetto al cervello.

Poiché la funzione cognitiva che Vitiello tenta di spiegare con la QFT è la memoria che, per definizione, è un processo irreversibile che si muove dal passato verso il futuro, l'ambiente deve necessariamente muoversi indietro nel tempo, dal futuro verso il passato.

Il modello di Vitiello consente di aumentare i gradi di libertà del sistema e, di conseguenza, le dimensioni della memoria, risolvendo in questo modo il problema della sovrascrittura. Infine, l'autore ipotizza che la coscienza nasca nel processo continuo di interazione del cervello con il suo "doppio", rappresentato dall'ambiente.

1998: Il modello di Massimo Bondi: giunzioni sinaptiche e coscienza

Bondi parte dall'analisi delle situazioni in cui la coscienza svanisce, come ad esempio il sonno, le anestesie e le situazioni patologiche.

Questi tre momenti (fisiologici, farmacologici e patologici), dimostrerebbero la natura globale della coscienza che si accende e spegne quando le strutture neurali (giunzioni sinaptiche) perdono le loro proprietà computazionali di natura quantica. Il modello proposto da Bondi prevede l'esistenza di canali a spirale che si propagano nelle strutture labirintiche della corteccia cerebrale portando alla costituzione di strutture anatomiche e istologiche nelle quali il flusso delle particelle determina uno stato costante di coscienza.

2002: Il modello di Hupping Hu: la coscienza mediata dallo spin

Hu sottolinea che lo spin sta emergendo come l'elemento fondamentale della meccanica quantistica. Hu associa gli spin ai pixel, in questo caso pixel mentali. Il modello della coscienza che ne consegue ha quindi proprietà non-locali e non-computabili.

2003: Il modello di Flanagan: Meccanica quantistica e basi della percezione

Flanagan suggerisce che il livello più profondo di descrizione della mente e del cervello deve essere cercato nel livello quantistico della materia, in quanto il livello quantistico media tutti i processi chimici e biologici. Flanagan esplora una serie di possibilità e si chiede:

1. se la QFT costituisce l'ultimo livello di descrizione di un sistema biologico;
2. se questo ultimo livello è inserito in livelli più elevati di organizzazione tramite meccanismi di auto-similarità trovati nelle strutture neurali;
3. se questo livello costituisce il livello più basso sulla cui base il cervello costruisce le proprie percezioni.
4. La tesi di Flanagan è che i campi percettivi siano coordinati con i campi di fotoni.

Flanagan sostiene che i vettori di colori, considerati come qualità immediatamente sperimentabili, assieme alla loro configurazione nel campo visivo, potrebbe essere associata ai vettori fotonici e alle loro configurazioni nei campi fotonici. Secondo Flanagan i vettori sarebbero associati a vettori ed i campi a campi.

2003: Il modello di Alfredo Pereira
Il cervello di secondo ordine e la mente conscia

Un modo per evitare l'approccio metafisico che deriva dall'interpretazione di Copenhagen e dai lavori di von Neumann, pur continuando a dare un senso fisico al collasso della funzione d'onda, è il concetto di decoerenza.

A prima vista ogni sistema microscopico isolato e relativamente piccolo sarebbe coerente, nel senso che l'entanglement tra particelle e onde sarebbe la norma, mentre in sistemi macroscopici relativamente grandi il sistema sarebbe decoerente, in quanto qualsiasi proprietà di questi sistemi, studiabile tramite l'osservazione e la sperimentazione, non mostrerebbe alcun segnale di entanglement tra i suoi elementi. Un modo ampiamente utilizzato per spiegare come mai la natura si comporti in questo modo è la legge chiamata *"legge dei grandi numeri"*, che identifica la dimensione del sistema come parametro per la cancellazione statistica dell'entanglement, generando in questo modo il comportamento più probabile che corrisponderebbe con le previsioni realizzate dalla fisica classica. Da questo punto di vista l'esistenza di coerenza quantica al livello macroscopico risulterebbe estremamente improbabile, e non potrebbe perciò presentarsi in modo frequente e continuo nel cervello conscio.

Pereira afferma che ci deve essere qualcosa di sbagliato nell'utilizzo che viene attualmente fatto della legge dei grandi numeri. Di conseguenza, se la legge dei grandi numeri fosse sbagliata o non fosse universale, si aprirebbe una possibilità teorica che giustificherebbe l'esistenza di effetti rilevanti nei sistemi macroscopici, qual è il cervello. Questi effetti potrebbero in questo modo giustificare processi coerenti e continui di tipo quantico tra le particelle e le onde distribuite nel volume del cervello.

Si tratta di processi che opererebbero come "cervello di secondo ordine", che controlla e che viene controllato dai processi classici che avvengono nel cervello di primo ordine. Questo cervello di secondo ordine costituirebbe il supporto ultimo per la coscienza.

2004: Il modello di Timo Järvilehto
La teoria dell'organismo-ambiente: la coscienza come stato ultimo della materia

Järvilehto parte dal modello dell'ordine implicato di Bohm. Secondo Järvilehto la comprensione dell'essenza ultima della materia dipende dalla coscienza umana. Secondo la teoria organismo-ambiente la coscienza è alla base di qualsiasi descrizione del mondo. Järvilehto ritiene che le proprietà della materia sono relazioni create dall'azione/misura dell'uomo.

Pertanto, non esiste un'ultima essenza della materia e la domanda *"Che cosa esiste?"* può essere riformulata in *"Che cosa possiamo conoscere?"*

Secondo la teoria organismo-ambiente la coscienza è nata dall'interazione di più individui, che hanno unito le loro azioni per raggiungere dei risultati comuni.

Questa unione richiedeva comunicazione e la comunicazione nel tempo ha dato forma al linguaggio. Inizialmente, la comunicazione era necessaria per produrre risultati comuni e il linguaggio si è sviluppato perciò per la descrizione di questi risultati comuni che si volevano raggiungere. Le parole non vennero utilizzate, all'inizio, per descrivere il mondo, ma piuttosto per descrivere i risultati che si volevano raggiungere.

Per questo motivo, il linguaggio ma anche la coscienza personale mediata tramite il linguaggio, era orientata alle esigenze ed ai fini degli individui. In altre parole, una parola non viene qui vista come un simbolo che rappresenta qualcosa, ma come proposta di un'azione comune. Una parola nasce dai risultati comuni che vengono conservati nel linguaggio; il linguaggio riflette perciò la storia dell'umanità e delle culture.

Il linguaggio è il risultato storico dell'insieme degli esiti della cooperazione umana. Quelle parti dell'universo che si sono tradotte in oggetti linguistici erano principalmente quelle di cui l'essere umano aveva bisogno nelle sue azioni rispetto al proprio corpo. Per questo motivo, la struttura percepita consciamente del mondo riflette principalmente la struttura del corpo umano, nella sua interazione con l'ambiente, piuttosto che una qualsiasi struttura indipendente dell'universo. Secondo Järvilehto, l'ordine implicito dell'universo per l'essere umano diventa così l'ordine implicito del proprio corpo nel proprio ambiente.

2005: Il modello di Baaquie e Martin
La QFT (Quantum Field Theory), la psiche umana come stati di superposizione

Baaquie e Martin considerano la psiche umana parte di una proprietà universale e non specifica dell'essere umano. Nel loro modello descrivono la psiche umana come uno stato di superposizione.

Nella meccanica quantistica, lo spin di un elettrone può assumere due forme di esistenza, quella fisica e quella virtuale. Quando viene osservato si trova nel suo stato fisico in cui lo spin può puntare verso l'alto o verso il basso. Al contrario, quando non viene osservato, lo spin è in uno stato virtuale, nel quale può esistere contemporaneamente nei due stati che si escludono a vicenda. Ogni volta che lo spin viene osservato punta unicamente in una delle due direzioni, mentre lo stato virtuale non può mai essere osservato.

Ciò non toglie che la mente umana possa immaginare lo stato virtuale e ciò suggerisce che la psiche umana debba manifestare una qualche similitudine con questo stato virtuale.

Al fine di descrivere la psiche umana Baaquie e Martin introducono due tipi di campi quantistici:

1. uno localizzato che si riferisce alla specifica individualità della persona;
2. un altro sovrapposto che può includere più coscienze e che richiede un supercampo quantistico.

2007: Il modello di Donald Mender
Eccentrically Subjective Reduction (ESR)

Donald Mender sottolinea che i fisici possiedono due strumenti per comprendere il mondo dei fenomeni osservati fisicamente:

1. il modello standard della teoria quantistica dei campi (QFT)
2. la relatività generale, che è collocata al di fuori del dominio della meccanica quantistica.

Sviluppi recenti nel campo della teoria delle superstringhe, della gravità quantistica e dei twistor, hanno mostrato che i gravitoni, i veicoli della gravità quantistica, mostrano forti affinità con le proprietà della coscienza.

Roger Penrose e Stuart Hameroff postulano che, all'interno del cervello, oggetti fisici costituiti da configurazioni di campi gravitazionali medino il collasso della funzione d'onda macroscopica in stati specifici non computazionali.

Mender propone che il collasso della funzione d'onda possa essere indotto in modo soggettivo.

Questa ipotesi introdurrebbe atti individuali, indipendenti di misura, ampliando in questo modo il modello di Penrose-Hameroff.

2008: Syamala Hari: Tachioni a zero energia e gli psicotroni di Eccles

Anche se gli esperimenti volti a misurare la presenza di particelle più veloci della luce non hanno portato ancora ad esiti positivi, ultimamente la teoria dei tachioni sta riscuotendo interesse in diversi campi della fisica. Hari (2008) suggerisce che la teoria dei tachioni possa essere applicata alla fisica del cervello. Eccles propone un collegamento tra psiconi ed unità fondamentali dei recettori. Hari suggerisce che i tachioni ad energia zero possano fungere da attivatori dell'esocitosi, non solo su di un singolo terminale presinaptico, ma su tutti i terminali trasferendo il loro momento ai vescicoli, riducendo in questo modo la barriera di potenziale e aumentando la probabilità dell'esocitosi. Questa descrizione è coerente con la teoria dei tachioni, in cui queste particelle sono viste come entità non locali, prodotte e assorbite istantaneamente e non localmente in modo coerente e cooperativo.

2.3 Discussione

I modelli della coscienza fin qui rinvenuti in letteratura possono essere suddivisi in tre grandi categorie:

1. modelli che collocano la coscienza nella posizione di un principio primo dal quale discende la realtà;
2. modelli che fanno discendere la coscienza dalle proprietà indeterministiche e probabilistiche del mondo quantistico;
3. modelli che individuano nella MQ un principio d'ordine dal quale discendono e si organizzano le proprietà della coscienza.

1) La coscienza crea la realtà	2) Determinismo vs indetermismo	3) L'ordine crea la coscienza
1930 - Bohr 1987 - Herbert 1989 - Penrose Hameroff 1993 - Stapp 2004 - Järvilehto 2007 - Mender	1925 - Lotka 1963 - Culbertson 1970 - Walker 1980 - Bohm 1989 - Lockwood 1990 - Pitkänen 1992 - Kaivarainen 1998 - Bondi	1941 - Fantappiè 1967 - Umezawa Ricciardi 1968 - Fröhlich 1971 - Pribram 1986 - Eccles 1989 - Marshall 1989 - King 1995 - Yasue 1995 - Vitiello 2003 - Flanagan 2003 - Pereira 2005 - Hu 2005 - Baaquie and Martine 2008 - Hari

La tabella mostra in quale categoria rientra ciascun modello. Analizzando i modelli quantistici della coscienza qui descritti, è possibile rinvenire una tendenza alla "deriva mistica" principalmente nei modelli che rientrano nella prima categoria e che si rifanno, in modo più o meno esplicito, all'interpretazione di Copenhagen.

Tali modelli sfuggono, per definizione, alla verifica sperimentale, in quanto fanno discendere i loro assunti dal fatto che la coscienza stessa si pone a monte della realtà osservata e la determina. In questo senso, i modelli che rientrano nella prima categoria potrebbero essere considerati non tanto dei modelli della coscienza, quanto piuttosto dei modelli che cercano di spiegare l'emergere della realtà osservabile da processi panpsichisti.

Non a caso, gli stessi autori di questi modelli fanno esplicito riferimento al concetto di panpsichismo.

Per quanto riguarda la seconda categoria di modelli, anch'essi si pongono al di là della falsificabilità, in quanto partono dall'assunto che la coscienza risieda in un dominio non osservabile con le attuali tecnologie della ricerca, come ad esempio i processi che avvengono a scale di misura al di sotto della costante di Planck.

Infine, i modelli che rientrano nella terza categoria e che si basano sulla ricerca, in natura, di un principio di ordine che possa giustificare le proprietà della coscienza, si richiamano prevalentemente a principi e fenomeni che hanno già portato alla realizzazione di interessanti applicazioni in campo fisico (come, ad esempio, i condensati di Bose-Einstein, i superconduttori e il laser). Questo fa in modo che tali modelli possano essere più facilmente tradotti in ipotesi operative da verificare in campo sperimentale.

Al criterio della falsificabilità scientifica, appena discusso, va aggiunto, però, un secondo criterio relativo alla compatibilità del modello con le caratteristiche tipiche dei sistemi biologici. Ciò in quanto i principi di ordine rinvenuti nella terza categoria propongono soluzioni spesso palesemente incompatibili con le caratteristiche dei sistemi biologici, come, ad esempio, i condensati di Bose-Einstein che richiedono, per manifestarsi, temperature prossime allo zero assoluto (-273 C°).

Applicando questo secondo criterio di selezione vengono progressivamente esclusi tutti i modelli, ad eccezione di quelli proposti da Luigi Fantappiè e Chris King. A tal proposito è necessario sottolineare che il modello proposto da Fantappiè ed il modello proposto da King possono essere considerati degli "ibridi" tra meccanica quantistica e relatività ristretta, in quanto partono dall'unione dell'equazione di Schrödinger (meccanica quantistica) con l'equazione energia, momento, massa (relatività ristretta).

In conclusione sembra che tutti i modelli della coscienza proposti nell'ambito della meccanica quantistica non sono traducibili in proposte sperimentali perché sono o incompatibili con il criterio della falsificabilità e/o incompatibili con le caratteristiche dei sistemi biologici. Gli unici due modelli che superano il vaglio di questa rassegna sono quelli che uniscono la meccanica quantistica con la relatività ristretta.

3

RELATIVITA' RISTRETTA
E MECCANICA QUANTISTICA
LA COSCIENZA SECODO I MODELLI DI
KING E FANTAPPIÈ

"A volte si sostiene che la chiave della spiegazione della coscienza si trova in un nuovo tipo di teoria fisica. E' probabile che, nel sostenere che la coscienza non è implicata dalla fisica del nostro mondo, si stia assumendo tacitamente che la fisica del nostro mondo è quella che comprendiamo attualmente, e che consiste in configurazioni di particelle e campi nella complessità spazio-temporale sottostanti ai processi di causalità ed evoluzione. Un oppositore potrebbe sostenere che, sebbene nulla in questo tipo di fisica implichi l'esistenza della coscienza, non è impossibile che la coscienza sia un fenomeno consequenziale a un nuovo tipo di teoria fisica." (Chalmers 1996)

Nell'interpretazione di Copenhagen della meccanica quantistica il collasso della funzione d'onda (collasso dell'onda in una particella) avviene nello stesso istante in tutti i punti dello spazio.

Ciò richiede una propagazione istantanea dell'informazione, violando in questo modo il limite della velocità della luce che Einstein aveva individuato come velocità massima di propagazione dell'informazione.

Analizzando questo paradosso, Schrödinger giunse alla conclusione che il problema era riconducibile al modo in cui il tempo viene utilizzato nella meccanica quantistica.

Infatti, la funzione d'onda (ψ) di Schrödinger, che era al centro di buona parte della discussione, non è relativistica in quanto tratta il tempo nel modo classico, con un ben definito prima e dopo il collasso della funzione d'onda.

La versione relativistica della funzione d'onda (ψ) fu prodotta nel

1926 da Klein e Gordon, quando vi inserirono la relazione energia/momento/massa della relatività ristretta di Einstein:

$$E^2 = c^2 p^2 + m^2 c^4$$

in cui E è l'energia dell'oggetto, m la sua massa, p il suo momento e c la costante della velocità della luce

ottenendo quindi l'equazione:

$$E\psi = \sqrt{p^2 + m^2}\,\psi$$

Come si vede, la soluzione dell'equazione di Klein e Gordon dipende da una radice quadrata che porta sempre ad una duplice soluzione: una positiva, che descrive onde che si propagano dal passato verso il futuro (causalità), e una negativa, che descrive onde che divergono a ritroso nel tempo, dal futuro verso il passato (retrocausalità).

3.1 Il modello della supercausalità di Chris King

Chris King inizia il suo articolo *"Chaos, Quantum-transactions and Consciousness"* (King, 2003) mostrando come l'unione dell'equazione energia-momento-massa di Einstein con la funzione d'onda di Schrödinger ponga gli oggetti quantici di fronte a biforcazioni che possono essere superate unicamente operando scelte.

Anche se la questione in merito a quando una qualsiasi struttura passi dalle leggi del microcosmo (fisica quantistica) a quelle del macrocosmo è ancora oggi una questione aperta, sembra che tale passaggio avvenga gradualmente attorno ai 200 Angström (una unità di misura pari a 0,1 nanometri; ad esempio, l'atomo di idrogeno misura 0,25 Angström).

Poiché le strutture biologiche minimali, come le vescicole sinaptiche e i microtuboli, hanno dimensioni inferiori ai 200 Angström, King ipotizza che esse siano oggetti "quantici" sollecitati, di conseguenza, in modo costante dalla causalità e dalla retrocausalità.

Secondo l'autore, da questo punto di partenza nasce una descrizione, innovativa e originale, del rapporto mente-cervello. Tutte le strutture dei sistemi viventi si troverebbero, infatti, di fronte a biforcazioni che obbligano il sistema ad esercitare scelte.

Questo stato costante di scelta obbligherebbe i sistemi viventi in una condizione di libero arbitrio che, secondo King, è una caratteristica comune a tutti i livelli dell'organizzazione biologica, dalle molecole fino alle macrostrutture. Dall'esercizio del libero arbitrio, secondo King, emergerebbe la coscienza.

L'indeterminatezza che si osserva a livello biologico deriverebbe quindi dal fatto che il sistema è costantemente esposto a biforcazioni, cioè in ogni istante il sistema è obbligato ad operare una scelta tra cause collocate nel passato (onde divergenti) e cause collocate nel futuro (onde convergenti); l'esito di queste scelte non può essere determinato a priori, rendendo perciò il sistema indeterminato.

Dal momento che le unità fondamentali dei sistemi biologici agirebbero ognuna in base al libero arbitrio, e dal momento che gli esiti di questo libero processo di scelta non sono determinabili a priori, il sistema stesso dovrebbe manifestare costantemente dinamiche caotiche e sfuggire così ad un approccio di studio puramente deterministico-computazionale.

King osserva che se in un sistema caotico si inseriscono degli attrattori si ottengono due effetti:

1. da una parte, si generano delle strutture ordinate che prendono la forma di strutture frattali;
2. dall'altra, una piccola perturbazione locale può essere amplificata fino a diventare un evento che coinvolge tutto il sistema. L'esempio classico è quello degli attrattori di Lorenz, osservati in meteorologia, rispetto ai quali si giunge fino al punto di ipotizzare che il battito d'ali di una farfalla in Amazzonia possa causare un uragano negli Stati Uniti.

Partendo da queste considerazioni, King prosegue il suo articolo individuando due livelli di spiegazione della coscienza. Nel primo livello, l'informazione si trasferisce dalla mente al cervello, attraverso le scelte operate esercitando il libero arbitrio; nel secondo livello, l'informazione passa dal cervello alla mente, grazie alla selezione e all'amplificazione dei segnali (ad esempio i segnali sensoriali ricevuti dai recettori periferici, ma anche i segnali interni) operata dalle strutture frattali del cervello. Nella descrizione di King la mente è quindi un'entità immateriale associata alle proprietà coesive (ad esempio l'entanglement ed il campo unificato) che nascono dalla soluzione negativa dell'energia e che si esprimono al livello della fisica quantistica.

King sottolinea che, in genere, le teorie sulla coscienza cercano di spiegare la mente unicamente considerando come essa possa emergere dai processi biologici e sensoriali di base. Si omette però, quasi sempre, di trattare il problema inverso, quello del libero arbitrio, cioè di come la mente possa modificare le reazioni del cervello.

L'autore afferma che per comprendere il problema della coscienza è necessario partire dal primo livello, cioè il livello del libero arbitrio, in quanto questo livello elimina una volta per tutte la pretesa di poter descrivere la coscienza in termini computazionali e meccanicisti. Il libero arbitrio, infatti, per definizione, è irrisolvibile in termini di casualità classica e di determinismo. L'autore aggiunge che, al fine di affrontare correttamente il tema della coscienza, è attualmente necessario accettare il superamento della causalità classica estendendo i modelli agli assunti e alle implicazioni della supercausalità.

Prima di affrontare il problema della coscienza, King ritiene utile partire da una definizione precisa dei due livelli prima accennati.

1. Il libero arbitrio è definito come la capacità della mente di agire sulle funzioni del cervello, attraverso la volontà e l'intenzionalità. Il libero arbitrio sarebbe quindi la conseguenza diretta delle biforcazioni e della supercausalità che obbligano il sistema ad effettuare costantemente delle scelte, attuandole per mezzo della volontà e della intenzionalità.
2. La capacità inversa, invece, cioè la capacità del cervello di agire

sulla mente, è comunemente chiamata coscienza e parte dalle proprietà caotiche e frattali del cervello che selezionano e amplificano le percezioni sensoriali, portandole così al livello della mente.

King concorda con Sir John Eccles sulla centralità del libero arbitrio nei processi cognitivi di tutte le persone. Come è noto, tutti noi riteniamo di avere l'abilità di controllare e modificare le nostre azioni per mezzo della volontà e dell'intenzionalità, e nella vita tutte le persone sane assumono di avere questa abilità.

Tuttavia, questa premessa, che definisce la natura del libero arbitrio ed è alla base di tutte le azioni degli esseri umani, contraddice la causalità classica e il determinismo fisico (Hooper e Teresi, 1986). King sostiene che, nel momento in cui si affronta la questione della coscienza partendo dal libero arbitrio non è più possibile sostenere quei modelli, seppur utili per altri motivi, secondo i quali la coscienza derivi esclusivamente dai processi computazionali del cervello e che descrivono il cervello come macchina computazionale deterministica.

Dalla duplice causalità passato/futuro e dallo stato costante di scelta in cui si trovano i sistemi quantici e i sistemi viventi, nascono le dinamiche caotiche che si trasformano in strutture frattali nel momento in cui si inseriscono degli attrattori. Gli attrattori e le dinamiche caotiche sono infatti alla base della geometria frattale e della teoria delle biforcazioni, che mostrano come queste strutture si uniscano e comunichino tra di loro per mezzo della geometria frattale, passando così da forme di caos a forme di ordine.

In sintesi, la coscienza soggettiva secondo King sarebbe quindi composta da due aspetti:

1. uno caratterizzato da atti di volontà, di intenzionalità e da processi di scelta che nascono dal libero arbitrio e che, agendo sul cervello, consentono poi di modificare il mondo fisico circostante attraverso i comportamenti agiti dal soggetto;
2. l'altro caratterizzato dalla percezione dei segnali provenienti dall'ambiente (sia esterno che interno al soggetto). Questi segnali vengono selezionati e amplificati dalle dinamiche caotiche

(attrattori e frattali); questo processo di selezione e amplificazione, a sua volta, raggiungendo il livello della mente, conduce a percepire e rappresentare l'ambiente come esperienza soggettiva.

Secondo King, la supercausalità è l'elemento nuovo che consente oggi di superare le difficoltà incontrate da tutte le teorie sulla coscienza nel tentativo di spiegare la relazione mente-cervello e la coscienza soggettiva.

3.2 Il modello della sintropia di Luigi Fantappiè

Nel luglio del 1942 Luigi Fantappiè presentò presso la Pontificia Accademia delle Scienze i "Principi di una teoria unitaria del mondo fisico e biologico fondata sulla meccanica ondulatoria e relativistica" in cui mostrava che le onde ritardate (onde divergenti), le cui cause sono poste nel passato, corrispondono ai fenomeni chimici e fisici soggetti al principio dell'entropia, mente le onde anticipate (onde convergenti), le cui cause sono poste nel futuro, corrispondono ad una nuova categoria di fenomeni soggetti ad un principio simmetrico a quello dell'entropia, principio che Fantappiè stesso denominò sintropia.

Analizzando le proprietà matematiche delle onde anticipate Fantappiè giunse alla conclusione che queste coincidono con le qualità dei sistemi viventi: finalità, differenziazione, ordine e organizzazione.

Il secondo principio della termodinamica afferma che in ogni trasformazione di energia (ad esempio trasformando il calore in lavoro), una parte di energia si libera nell'ambiente. L'entropia è la grandezza con cui si misura la quantità di energia che si è liberata nell'ambiente. Quando l'energia liberata è distribuita in modo uniforme (ad esempio non vi sono più variazioni di calore), si raggiunge uno stato di equilibrio e non è più possibile trasformare l'energia in lavoro. L'entropia misura quanto un sistema sia vicino allo stato di equilibrio e quale sia quindi il grado di disordine del sistema stesso.

I fenomeni entropici presentano quindi le seguenti caratteristiche principali (Fantappiè 1942):

1) *causalità*: le onde divergenti non potrebbero esistere in assenza della causa che le ha generate;
2) *tendenza all'omogeneità o principio dell'entropia*: i fenomeni entropici tendono ad un livellamento generale, nel senso che procedono dal differenziato verso l'omogeneo, dal complesso verso il semplice. Con il passare del tempo cresce sempre più l'omogeneità e l'uniformità del sistema, ossia l'entropia del sistema stesso. L'entropia, come espressa dal secondo principio della termodinamica è, quindi, una caratteristica tipica delle onde divergenti.

Le qualità distintive dei fenomeni sintropici sono invece:

1) *l'entropia diminuisce*;
2) i *fenomeni sintropici sono di tipo antidispersivo e attrattivo*, perché l'intensità delle onde convergenti, col passare del tempo, si concentra in spazi sempre più piccoli, con conseguente concentrazione di materia ed energia;
3) nei fenomeni sintropici abbiamo uno *scambio materiale ed energetico*. Infatti, in questi fenomeni si presenta un costante aumento di concentrazione materiale ed energetica. Tuttavia, siccome questa concentrazione non può aumentare indefinitamente, si osservano fenomeni entropici che compensano quelli sintropici e, di conseguenza, uno scambio di materia e di energia con l'ambiente esterno;
4) i fenomeni sintropici sono *generati da cause finali, attrattori*, che assorbono le onde convergenti. Queste "cause finali" sono strettamente connesse all'esistenza stessa del fenomeno: in questo modo è possibile introdurre il concetto di un "finalismo scientifico", dove la parola finalismo è analoga a "causa finale".

E' importante ricordare che nel macrocosmo, come conseguenza del fatto che l'universo è in espansione, la legge dell'entropia prevale obbligando il tempo a fluire dal passato verso il futuro (Eddington, 1927) e le cause ad essere di tipo classico (causa-effetto).

Al contrario, nel microcosmo le forze espansive (entropia) e coesive (sintropia) sono in equilibrio; il tempo fluisce perciò in entrambi i versi (tempo unitario) e le cause sono simmetriche (causa-effetto-causa), la famosa Übercausalität di Einstein, o supercausalità, dando così origine a processi di tipo sintropico.

La legge dell'entropia implica che i sistemi possano evolvere solo verso il disordine e la disorganizzazione; per questo motivo numerosi biologi (Monod, 1974) sono giunti alla conclusione che le proprietà della vita non possono originare dalle leggi del macrocosmo in quanto queste, governate dall'entropia, prevedono l'evoluzione del sistema unicamente nella direzione della morte termica e dell'annullamento di ogni forma di organizzazione e ordine, negando in questo modo la possibilità stessa della vita. La supercausalità ed in modo particolare la sintropia, che governano il microcosmo, implicano invece le proprietà di ordine, organizzazione e crescita tipiche dei sistemi viventi.

Fantappiè ipotizza perciò che la vita origina al livello della meccanica quantistica, livello nel quale entropia e sintropia sono bilanciate e possono aver luogo processi sintropici. Ma, non appena cresce al di là del livello del microcosmo entra in conflitto con la legge dell'entropia, che domina nel macrocosmo e tende a distruggere ogni forma di organizzazione e di struttura. Inizia così il conflitto con la legge dell'entropia e la "lotta" per la sopravvivenza.

Il conflitto tra la vita e l'entropia è ben documentato ed è continuamente dibattuto da biologi e fisici. Schrödinger, rispondendo alla domanda su che cosa permetta alla vita di contrastare l'entropia, rispondeva che la vita si alimenta di entropia negativa (Schrödinger, 1988).

Alla stessa conclusione giunse Albert Szent-Györgyi quando utilizzò il termine sintropia al fine di descrivere le qualità di entropia negativa come proprietà fondamentali dei sistemi viventi (Szent-Györgyi, 1977). Albert Szent-Gyorgyi affermava che "*è impossibile spiegare le qualità di organizzazione e di ordine dei sistemi viventi partendo dalle leggi entropiche del macrocosmo*".

Questo è uno dei paradossi della biologia moderna: le proprietà dei sistemi viventi si contrappongono alla legge dell'entropia che governa il macrocosmo.

L'ipotesi di un conflitto fondamentale tra vita (sintropia) e ambiente (entropia) porta alla conclusione che i sistemi viventi devo soddisfare alcune condizioni vitali, ad esempio: acquisire sintropia dal microcosmo e combattere gli effetti dissipativi e distruttivi dell'entropia.

Al fine di combattere gli effetti dissipativi dell'entropia, i sistemi viventi devono, secondo questo modello, acquisire energia dal mondo esterno, proteggersi dagli effetti dissipativi dell'entropia ed eliminare i residui della distruzione delle strutture ad opera dell'entropia. Queste condizioni sono generalmente indicate come bisogni materiali o bisogni primari ed includono:

- contrastare gli effetti dissipativi dell'entropia, ad esempio: acquisire energia dal mondo esterno tramite il cibo; ridurre la dissipazione di energia con un rifugio (una casa) e il vestiario.
- contrastare la continua produzione di scarti, ad esempio: condizioni igieniche e sanitarie e l'eliminazione dei rifiuti.

La soddisfazione totale di questi bisogni porta ad uno stato di benessere caratterizzato dall'assenza di sofferenza. La soddisfazione parziale, invece, porta a sperimentare sofferenza nelle forme della fame, della sete e della malattia. L'insoddisfazione totale, infine, porta alla morte.

Soddisfare i bisogni materiali non impedisce però all'entropia di distruggere le strutture del sistema vivente. Ad esempio, le cellule vengono distrutte e devono essere rimpiazzate. Per riparare i danni causati dall'entropia, il sistema vivente deve attingere alle proprietà della sintropia che consentono di creare ordine, strutture e organizzazione e di contrapporsi agli effetti distruttivi dell'entropia.

Fantappiè ipotizza perciò l'esistenza di una struttura deputata ad alimentare di sintropia i processi vitali dell'organismo e ravvede nel sistema nervoso autonomo (SNA) tale struttura. Il SNA acquisirebbe sintropia dal microcosmo, alimentando in questo modo i processi rigenerativi dei sistemi viventi. Poiché la sintropia si comporta come un assorbitore/concentratore di energia:

1. quando si acquisisce sintropia si avvertono anche sensazioni di calore (concentrazione di energia) associate a vissuti di benessere, soprattutto nell'area toracica (tipica del SNA).
2. quando non si acquisisce sintropia si avvertirebbero sensazioni di freddo e di vuoto nell'area toracica, associate a dolore, sofferenza e malessere.

Secondo questo modello, quando il bisogno di alimentarci di sintropia non è soddisfatto si sperimentano vissuti di vuoto, di freddo e di dolore, nell'area toracica. Quando questo bisogno è totalmente insoddisfatto i sistemi viventi non sarebbero in grado di alimentare i processi rigenerativi e i danni prodotti dall'entropia non verrebbero riparati, conducendo così il sistema alla morte.

Da questo modello nasce l'ipotesi che *"i parametri del SNA debbano mostrare comportamenti di anticipazione in quanto la funzione del SNA è quella di alimentare l'organismo di sintropia al fine di sostenere le funzioni vitali del sistema vivente."*

Questa è l'ipotesi che ha guidato e ha dato vita al lavoro di ricerca.

3.3 Reazioni anticipate prestimolo

Le risposte anticipate prestimolo sono reazione neurofisiologiche che si attivano prima che lo stimolo si manifesti al soggetto e prima che lo stimolo stesso venga determinato. In altre parole, la risposta anticipata si attiva prima che il soggetto possa disporre di qualunque indicazione o suggerimento in merito a quale stimolo verrà selezionato.

Al fine di testare l'ipotesi circa l'esistenza di risposte anticipate prestimolo, la condizione fondamentale è quella di disporre di sequenze impredicibili, cioè sequenze casuali pure che nessun processo cognitivo può, per definizione, essere in grado di predire.

Nella letteratura scientifica è possibile rinvenire studi che mettono in risalto il ruolo del sistema neurovegetativo nelle risposte anticipate prestimolo. Questi studi danno sostegno all'ipotesi formulata da Luigi Fantappiè. Ad esempio:

1. Risposta anticipata prestimolo nella frequenza cardiaca. Nell'articolo *"Heart Rate Differences between Targets and Nontargets in Intuitive Tasks"* Tressoldi e collaboratori descrivono esperimenti da loro effettuati che mostrano come la frequenza del battito cardiaco reagisca allo stimolo prima che lo stimolo stesso venga determinato (Tressoldi e coll., 2005).
2. Risposte elettrofisiologiche. McCarty, Atkinson e Bradely in *"Electrophysiological Evidence of Intuition"* evidenziano forti risposte anticipatorie a stimoli futuri dei parametri elettrofisiologici del cuore (McCarty, Atkinson e Bradely, 2004).
3. Risposta anticipata prestimolo nella conduttanza cutanea. Nel 2003 Spottiswoode e May, nell'ambito del programma di ricerca del Cognitive Science Laboratory, hanno replicato gli esperimenti di Bierman e Radin (Bierman e Radin, 1997) che mostrano un aumento statisticamente significativo della conduttanza cutanea 2-3 secondi prima della presentazione di stimoli a contenuto emotigeno. Spottiswoode e May hanno confermato questi effetti anticipati osservando una significatività statistica con probabilità di errore inferiore a 0,0005 (Spottiswoode e May, 2003).

La letteratura scientifica suggerisce l'esistenza di una forte interazione tra anticipazione, vissuti emozionali e misure neurofisiologiche del sistema neurovegetativo rilevabili attraverso la conduttanza cutanea e la frequenza cardiaca.

3.3.1 Risposte anticipate prestimolo nella frequenza cardiaca

Nell'articolo *"Heart Rate Differences between Targets and Nontargets in Intuitive Tasks"* Tressoldi e collaboratori (Tressoldi, 2005) effettuano un primo esperimento esplorativo e un secondo esperimento confermativo, verificando (con significatività statistica p=0,015 nel primo caso e p=0,001 nel secondo caso) l'ipotesi che la frequenza cardiaca possa reagire allo stimolo prima che lo stimolo stesso venga determinato.

- Esperimento 1

Il primo esperimento ha coinvolto 12 soggetti, 5 maschi e 7 femmine con età media di 25.5 anni (range di età 24-45 anni), principalmente studenti universitari. Questi soggetti sono stati invitati a partecipare ad una prova computerizzata che si basava sulla capacità di indovinare. I partecipanti venivano fatti sedere su una sedia comoda davanti ad un monitor di computer e veniva applicato loro, sull'indice della mano sinistra, un rilevatore della frequenza cardiaca. I soggetti erano informati del fatto che gli stimoli sarebbero stati scelti casualmente dal computer e che il loro compito era quello di indovinare, tramite l'intuizione, quale stimolo sarebbe apparso sul monitor. Ogni prova consisteva di tre fasi:

1) una prima fase di presentazione seriale di 4 immagini (fiori, ritratti, paesaggi, piante, animali, monumenti, ecc.) della durata di 10 secondi, durante la quale veniva rilevata la frequenza cardiaca;
2) una seconda fase di presentazione contemporanea, in un'unica schermata, delle 4 immagini in cui si chiedeva al soggetto di scegliere con il mouse l'immagine che sarebbe stata successivamente selezionata dal computer;
3) una terza fase in cui, dopo la scelta operata dal soggetto, il computer selezionava l'immagine (target), in base alla generazione di un numero casuale dall'1 al 4; l'immagine così selezionata veniva poi presentata al partecipante.

Ad ogni prova le immagini cambiavano.

L'acquisizione dei dati sulla frequenza cardiaca ed il funzionamento del relativo apparato erano monitorati da un assistente posizionato alle spalle del partecipante. L'assistente non poteva avere alcuna informazione in merito all'immagine che sarebbe stata selezionata dal computer, in quanto la selezione veniva effettuata solo dopo la scelta espressa dal soggetto. Il ruolo dell'assistente era unicamente quello di supervisionare il dispositivo che consentiva l'acquisizione della frequenza cardiaca; nel caso si fossero riscontrate anomalie l'assistente avrebbe dovuto sospendere l'esperimento. Ogni soggetto è stato sottoposto a 20 prove, per un totale di 80 figure diverse (4 per ogni prova).

L'analisi dei dati è stata effettuata sulle frequenze cardiache rilevate nella prima fase. Il confronto è stato operato tra frequenze cardiache rilevate durante la presentazione di figure target e di figure nontarget, dove:

1. Le figure target sono quelle che il computer seleziona, nella fase 3, attraverso un processo random.
2. Le figure nontarget sono invece quelle che non vengono selezionate dal computer.

I risultati di questo primo esperimento mostrano una differenza statisticamente significativa tra le frequenze cardiache associate ai target e le frequenze cardiache associate ai nontarget, con un livello di significatività statistica pari a $p=0,015$.

Prima di interpretare i risultati, tuttavia, gli autori hanno voluto replicare questo esperimento con altri 12 soggetti, al fine di escludere che le evidenze prodotte in questo primo esperimento potessero essere il prodotto di artefatti statistici.

- Esperimento 2

Nel secondo esperimento furono coinvolti altri 12 soggetti, 5 maschi e 7 femmine, età media 25,3 (range di età 23-48 anni). Anche questo secondo esperimento, del tutto identico al primo per compito, procedure e tipo di stimoli, mostra una differenza statisticamente significativa nella frequenza cardiaca rilevata durante la presentazione di stimoli target e stimoli nontarget, ad un livello di probabilità pari a $p=0,001$.

Il confronto tra i risultati per gli stimoli target e nontarget ottenuti nei due esperimenti.

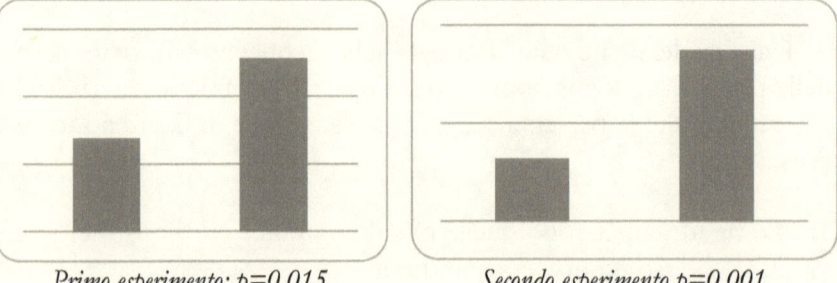

Primo esperimento; p=0.015   *Secondo esperimento p=0.001*

mostra che il secondo esperimento ha replicato la differenza tra frequenze cardiache associate ai target e frequenze cardiache associate ai non target, osservate nel primo esperimento. Anche se ulteriori verifiche saranno necessarie, i risultati di questi esperimenti si pongono a supporto dell'ipotesi circa una risposta anticipata prestimolo della frequenza cardiaca che Tressoldi descrive con il termine "intuizione".

Tressoldi e collaboratori sottolineano nelle conclusioni che con questa semplice procedura si è potuto rilevare una sottile modificazione anticipata nella frequenza cardiaca, a seconda della natura dello stimolo (target o non target), nonostante la scelta cosciente dei soggetti sperimentali fosse casuale: infatti, in entrambi gli esperimenti, il numero di target correttamente indovinati corrispondeva alla quota determinabile in base al caso (5 target in media su un totale di 20 target). La probabilità che i dati osservati possano essere il frutto di artefatti statistici, anche se in teoria sempre possibile, può essere considerata bassa grazie alla concordanza tra i risultati del primo esperimento esplorativo e quelli del secondo esperimento confermativo e l'ulteriore conferma dei risultati in tutti i campioni di 12 soggetti ciascuno, ottenuti dalla combinazione a caso di 6 soggetti del primo esperimento e 6 del secondo esperimento.

Per ogni soggetto vengono rilevate 20 frequenze cardiache associate alla presentazione di stimoli target; ciò consente di evidenziare significatività statistiche anche per differenze tra target e non target molto lievi. Nella discussione dei risultati, Tressoldi e collaboratori sostengono che gli effetti emersi dai due esperimenti sono sufficientemente attendibili da poter essere considerati come espressione di effetti reali.

Secondo gli autori, questi effetti sosterrebbero il modello di Bechara (Bechara e Damasio, 1994) del doppio sistema di elaborazione delle informazioni alla base dei processi decisionali:

1. il sistema conscio, o dichiarativo, che utilizza i processi verbali e del ragionamento per giungere alla formulazione di una decisione;
2. il sistema inconscio, non dichiarativo, che utilizza un diverso network neurofisiologico in cui i marcatori somatici, come i vissuti emozionali, misurabili attraverso la conduttanza cutanea e la frequenza cardiaca, sembrano giocare un ruolo fondamentale.

Sempre secondo gli autori, i risultati dei due esperimenti estendono il modello di Bechara in quanto suggeriscono l'ipotesi che i marcatori somatici possano dipendere anche da meccanismi di anticipazione e non soltanto da processi di apprendimento. Nel 1994 Damasio definiva come marcatori somatici quei vissuti emozionali collegati alla capacità di predire il risultato futuro degli scenari. Quando un marcatore somatico negativo viene sovrapposto ad un possibile scenario futuro, questo funziona da campanello d'allarme. Quando un marcatore somatico positivo viene sovrapposto ad un possibile scenario futuro, questo diventa un incentivo (Damasio, 1994). Bechara e Damasio sottolineano che la reazione anticipata della conduttanza cutanea inizia a mostrarsi ben prima che si possa presumere un processo adeguato di apprendimento. Inoltre, i soggetti che hanno appreso le regole dell'esperimento non necessariamente scelgono in modo adeguato. Damasio ipotizza che le scelte vantaggiose richiedano l'elaborazione dei segnali emozionali (dei marcatori somatici) e che non necessariamente questi segnali sono presenti quando si effettuano decisioni a livello conscio. L'ipotesi di base di Bechara e Damasio è che, al fine di scegliere in modo vantaggioso, i processi cognitivi debbano essere assistiti dai segnali emozionali, dai marcatori somatici (Bechara e Damasio, 2005).

In un'altra presentazione degli stessi risultati, Tressoldi e collaboratori sottolineano che le teorie psicologiche attuali si basano ancora sull'assunto che le reazioni psicologiche possano avvenire solo dopo la presentazione dello stimolo, mentre l'esperimento da loro effettuato sulla risposta anticipata della frequenza cardiaca mostra che le reazioni agli stimoli avvengono anche prima della presentazione e della determinazione dello stimolo stesso (Sartori, 2004).

3.3.2 Risposte anticipate prestimolo nella conduttanza cutanea

Il Cognitive Science Laboratory (CSL) nasce negli anni '90 in California come evoluzione delle attività iniziate negli anni '70 da Harold Puthoff (fisico quantistico) presso lo SRI (Stanford Research Institute), attività finalizzate allo studio delle proprietà quantistiche della mente. Gli studi di Puthoff presso lo SRI furono finanziati inizialmente dalla CIA e successivamente dalla DIA (Defence Intellingence Agency); trattandosi di procedure operative utilizzate dai servizi di intelligence, la parte replicabile di tali esperimenti non è ancora oggi disponibile. Diversamente dall'originaria ricerca di Puthoff, l'attuale attività del CSL, pur rimanendo un programma del governo statunitense legato ai servizi di intelligence, produce studi che vengono pubblicati integralmente, fornendo così la possibilità di controllare e replicare i risultati degli esperimenti. La finalità del CSL è quella di utilizzare le tecniche delle scienze del comportamento, psicologiche e fisiche per:

1. determinare quali esperienze anomale del comportamento umano possano essere dimostrate utilizzando procedure rigorose di laboratorio;
2. comprenderne il meccanismo;
3. valutarne i possibili utilizzi in situazioni operative di intelligence.

In questo paragrafo viene discusso uno studio realizzato dal CSL al fine di controllare le conclusioni cui erano giunti Bierman e Radin (Bierman e Radin, 1997), secondo i quali si osservano risposte anticipate prestimolo nella conduttanza cutanea alla presentazione di stimoli emotigeni. I risultati di Bierman e Radin sono sintetizzati nella figura che mostra una reazione cutanea anticipata (nei termini di un aumento della conduttanza cutanea) alla presentazione di stimoli a contenuto erotico rispetto a stimoli a contenuto animale o neutro:

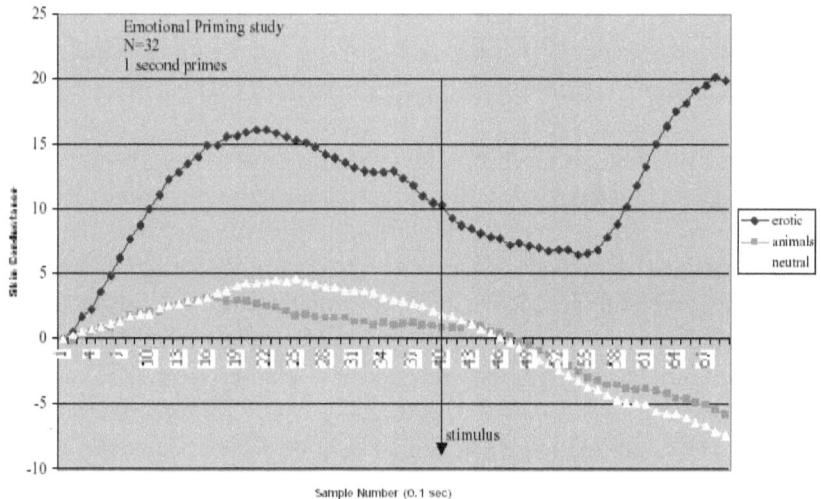

Media della conduttanza cutanea per 3 tipi di stimolo

L'anticipazione di eventi può giocare un ruolo fondamentale nelle attività di intelligence e per questo motivo Spottiswoode e May del CSL hanno, nel 2003, realizzato un esperimento volto a controllare tutti i possibili artefatti (cueing, aspettative dei soggetti, errori nella generazione degli stimoli, errori nei software, anomalie nei data-base e frode) che possono spiegare i risultati di Bierman e Radin (Spottiswoode e May, 2003). A tal fine, l'esperimento di Bierman e Radin è stato modificato in più punti. Ad esempio, invece di contrapporre stimoli erotici a stimoli di altra natura si è scelto di contrapporre uno stimolo acustico generato dal computer (stimolo sperimentale) al silenzio (stimolo di controllo). Il soggetto riceveva lo stimolo attraverso cuffie audio che lo isolavano acusticamente da eventuali altri stimoli ambientali. L'intervallo tra gli stimoli era variabile e perfettamente randomizzato, in modo da ridurre l'effetto dell'aspettativa. Inoltre, sono state controllate ed eliminate tutte le possibili fonti di cueing.

In sintesi, l'obiettivo della ricerca era quello di verificare se effettivamente l'arousal anticipato del sistema nervoso autonomo (aumento prestimolo della conduttanza cutanea), evidenziato dalle ricerche di Bierman e Radin, è significativamente diverso tra stimoli audio e stimoli di controllo silenziosi.

L'esperimento è stato realizzato utilizzando 125 soggetti che non avevano mai partecipato prima ad esperimenti di questo genere. E' stato utilizzato un rilevatore di conduttanza cutanea della Contact Precision Instruments, con una accuratezza di ±0,1 μSiemens. La presentazione degli stimoli dipendeva da un generatore automatico di eventi ed i partecipanti dovevano semplicemente rimanere in attesa dello stimolo, non avendo a disposizione alcun tasto per iniziare la presentazione. La presentazione era a ciclo continuo e non conteneva alcun suggerimento in merito al timing degli stimoli. L'intervallo tra gli stimoli variava tra i 40 e gli 80 secondi e comprendeva i seguenti sottointervalli: 5 secondi di rilevazione della conduttanza cutanea prestimolo, 1 secondo di stimolo, 24 secondi di rilevazione della conduttanza cutanea post stimolo. Una sessione consisteva nella presentazione di 20 stimoli. Mediamente venivano presentati 10 stimoli audio tra loro identici (97-dB generato dal computer) e 10 stimoli di controllo (silenziosi); la selezione del tipo di stimolo da presentare (se stimolo audio o stimolo silenzioso di controllo) veniva eseguita dal sistema attraverso una procedura random dopo la registrazione dei dati sulla conduttanza cutanea raccolti durante i 5 secondi di prestimolo. Gli stimoli audio di controllo (silenziosi) servivano a valutare l'eventuale presenza e dimensione dell'effetto arousal.

Ogni soggetto era sottoposto ad una sessione della durata di 25 minuti, la fine della quale era segnalata da un messaggio audio.

L'analisi dei dati confronta i valori della conduttanza cutanea rilevati prima della presentazione di stimoli audio e prima di stimoli silenziosi. La differenza tra queste due popolazioni raggiunge la significatività statistica di $p=0,00054$.

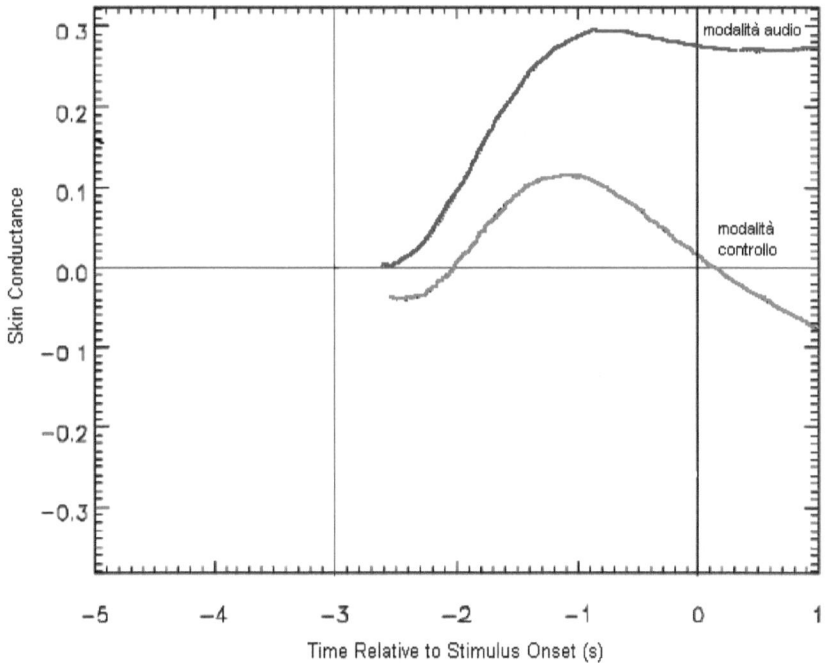

Risposta prestimolo della conduttanza cutanea

La figura mostra che la risposta cutanea che precede gli stimoli audio (rispetto agli stimoli silenziosi di controllo) inizia 2,5 secondi prima dello stimolo e risulta essere nettamente più marcata dell'arousal che anticipa gli stimoli di controllo.

L'attivazione cutanea che precede uno stimolo di controllo (silenzio) è nettamente inferiore e svanisce con l'approssimarsi dello stimolo di controllo.

In sintesi, nonostante l'utilizzo di tutte le procedure di controllo e di verifica di possibili spiegazioni alternative, l'esperimento di Spottiswoode e May ha confermato i dati già prodotti da Bierman e Radin che avevano evidenziato la centralità del sistema nervoso autonomo negli effetti di anticipazione.

Spottiswoode e May hanno controllato i seguenti possibili artefatti:

1. *Cueing.* E' stato utilizzato un disegno a doppio cieco in cui sia lo sperimentatore che il partecipante non erano a conoscenza della natura dello stimolo successivo; la scelta della natura dello stimolo veniva determinata dal computer sul momento tramite l'utilizzo di procedure random.

2. *Aspettativa.* L'effetto arousal è stato controllato attraverso tempi di attesa prestimolo diversi e stimoli di controllo silenziosi.

3. Indipendenza degli stimoli. E' stata controllata l'indipendenza degli stimoli successivi da quelli precedenti. La correlazione era pari a 0; ciò mostra l'impossibilità, da parte dei partecipanti, di poter predire la natura dello stimolo successivo in base a quello precedente.

4. *Analisi indipendenti dei dati.* I dati venivano inviati contemporaneamente e in modo indipendente ai due sperimentatori i quali hanno realizzato, indipendentemente, le analisi dei dati.

5. *Raccolta dei dati.* Al fine di valutare l'esistenza di eventuali artefatti nella raccolta dei dati, l'intero processo dell'esperimento è stato replicato utilizzando al posto del partecipante umano un simulatore di conduttanza cutanea, il cui comportamento era noto. Si è così potuto concludere che, nella fase di acquisizione dei dati, non erano presenti artefatti nell'hardware e nel software utilizzato.

6. *Frode.* Sono stati analizzati due tipi di frode: quella del partecipante e quella dello sperimentatore. Al fine di eliminare la possibilità di frode da parte dei partecipanti tutti i dati venivano criptati utilizzando un codice binario a 128 bit non leggibile con i software comuni. Il computer non era accessibile e, inoltre, non era collegato a Internet. La possibilità della frode da parte dello sperimentatore è stata controllata realizzando le analisi indipendentemente. In questo caso la frode avrebbe richiesto l'accordo di entrambi gli sperimentatori. La riproducibilità dei risultati da parte di altri istituti di ricerca è comunque la prova più importante in merito all'assenza di questo ultimo tipo di frode.

3.4 Conclusioni

Le prove empiriche brevemente descritte in questo capitolo suggeriscono una forte interazione tra reazioni prestimolo, vissuti emozionali e sistema nervoso autonomo:

- Gli esperimenti di Tressoldi e coll. mostrano che la frequenza cardiaca reagisce anticipatamente agli stimoli. Tressoldi giunge ad ipotizzare che i marker somatici (MS) individuati da Damasio possano essere spiegati in parte come effetti anticipati, informazioni che fluiscono a ritroso nel tempo sotto forma di emozioni;
- L'esperimento del Cognitive Science Laboratory, che verifica e conferma i risultati ottenuti da Bierman e Radin, secondo i quali la conduttanza cutanea reagisce anticipatamente a stimoli a carattere emotigeno, pongono alla base degli effetti di anticipazione il sistema nervoso autonomo e i vissuti emozionali.

Tressoldi e collaboratori affermano che la loro ricerca è stata ispirata dai risultati ottenuti da Bechara (1996, 1997), che mostrano una variazione anticipata della conduttanza cutanea nei giochi d'azzardo a seconda del risultato positivo o negativo della scelta, ben prima che il soggetto possa conoscere le regole che governano il gioco. Inoltre, Tressoldi fa riferimento ai lavori di Blanchard e Sharpe (Blanchard, 2000; Sharpe 1995) in cui si evidenzia un aumento anticipato della frequenza cardiaca nei giocatori di azzardo, quando partecipano alle scommesse. In questi lavori si conclude che le risposte neurofisiologiche possono comunicare informazioni ben prima che il soggetto abbia modo di sperimentare l'esito della propria azione.

Questi esperimenti danno credito all'ipotesi di Fantappiè secondo la quale i parametri neurofisiologici del SNA debbano mostrare reazioni prestimolo. E' da notare che, secondo questa ipotesi, le reazioni prestimolo sarebbero associate a segnali di tipo emozionale.

4

TEMPO E CAUSALITA'
SIMMETRIA DEL TEMPO E SUPERCAUSALITÀ

I modelli della coscienza di King e di Fantappiè originano dai concetti di simmetria del tempo e di supercausalità.

E' necessario, a questo punto, definire in modo più preciso tali concetti, confrontandoli con il concetto classico del tempo assoluto che caratterizza la fisica classica. La *causalità classica* è legata alla concezione, a noi estremamente familiare, secondo la quale il tempo scorre in modo lineare dal passato al futuro: ciò che è passato è ormai alle nostre spalle, mentre ciò che si pone nel futuro non è ancora avvenuto. La *supercausalità* (causalità e retrocausalità), invece, è legata ad una concezione secondo la quale il tempo è unitario, cioè passato, presente e futuro coesistono e le cause possono provenire sia dal passato, come dal futuro.

I progressi scientifici ottenuti in fisica a partire dalla fine del XIX secolo hanno costretto a rivedere l'immagine usuale dello scorrere del tempo. Il punto di partenza di questo processo è rappresentato dalle famose equazioni note come "*trasformazioni di Lorentz*", che legano il tempo alla velocità, e dalle quali è nata la teoria della relatività ristretta di Albert Einstein. Einstein sviluppò la teoria della relatività ristretta allo scopo di allargare la validità del principio di relatività di Galilei a tutti i fenomeni fisici, in particolare anche a quelli elettromagnetici.

La teoria della relatività si basa sulla costanza della velocità della luce. Fra le sue conseguenze più importanti ci sono la ridefinizione dei concetti di spazio e tempo, come pure la scoperta dell'equivalenza fra massa ed energia. Il concetto di tempo assoluto viene a cadere, essendo il tempo relativo al sistema di riferimento nel quale esso viene misurato: questo significa che due eventi simultanei in un certo sistema di riferimento non lo sono più in un altro, perché il tempo scorre in maniera diversa nei diversi sistemi di riferimento.

4.1 Origini del modello meccanicista nella scienza
l'universo newtoniano e l'uomo-macchina

Galileo e Newton sono stati i grandi teorizzatori di quella che potremmo chiamare "causalità meccanica", secondo la quale tutti i fenomeni osservabili nell'universo hanno una causa posta nel passato che li determina e li rende riproducibili, ovvero causabili, in laboratorio. Vediamo ora come questa concezione ha preso forma.

Nel corso del Cinquecento e del Seicento prese l'avvio quel monumentale processo di rivoluzione scientifica che, travolgendo completamente la concezione medievale dell'uomo e del cosmo, determinò la visione del mondo ed il sistema di valori che sono tutt'oggi alla base della nostra cultura. La rivoluzione scientifica ebbe inizio con le osservazioni astronomiche di Niccolò Copernico (1473-1543), che rovesciarono la concezione geocentrica allora diffusa, rappresentata dal sistema aristotelico-tolemaico.

Il sistema aristotelico-tolemaico fu enunciato da Aristotele nel IV secolo a.C. e perfezionato da Tolomeo nel II secolo d.C. Secondo questo sistema, la Terra era immobile al centro dell'universo, con il Sole, la Luna, Mercurio, Venere, Marte, Giove e Saturno che ruotavano attorno ad essa in orbite circolari via via maggiori. Le sfere dei pianeti erano circondate dal cielo delle stelle fisse (un cielo per ogni pianeta), che ruotava grazie all'impulso del Primo Mobile (il nono cielo, velocissimo e privo di stelle). Il movimento del nono cielo era diretta espressione dell'azione di Dio.

In contrapposizione al sistema aristotelico-tolemaico, il nuovo sistema eliocentrico proposto da Copernico poneva il Sole al centro dell'universo, facendone il centro dei moti di rivoluzione dei pianeti. Il sistema, che rappresentò una grande innovazione in campo astronomico, può essere così schematizzato: partendo dal centro troviamo il Sole attorno a cui ruotano Mercurio, Venere, Terra (attorno alla quale ruota la Luna), Marte, Giove, e Saturno. Le sfere dei vari pianeti, allora conosciuti, erano racchiuse dalla sfera delle stelle fisse, che, secondo Copernico, era immobile.

A Copernico fece seguito Giovanni Keplero (1571-1630), scienziato e mistico che, attraverso un faticoso lavoro sulle tavole astronomiche, poté enunciare le tre leggi del moto planetario:

1) tutti i pianeti descrivono attorno al Sole delle orbite di forma ellittica. Il Sole occupa uno dei due fuochi, comune a tutte le ellissi;
2) il raggio vettore copre aree uguali in tempi uguali;
3) il quadrato dei periodi di rivoluzione dei pianeti è proporzionale ai cubi dei semiassi maggiori delle loro orbite.

Ciò fornì ulteriore sostegno al modello eliocentrico copernicano. Il vero mutamento nell'opinione scientifica, tuttavia, fu opera di Galileo Galilei (1564-1642).

Utilizzando il telescopio, di recente invenzione, Galileo si dedicò ad attente osservazioni astronomiche giungendo a togliere ogni credito all'antica cosmologia ed avvalorando l'ipotesi copernicana come teoria scientificamente valida. Gli aspetti fondamentali dell'opera di Galileo – la sua impostazione empirica e la descrizione matematica della natura – si posero alla base della nuova scienza del Seicento e rimangono tutt'oggi criteri basilari nelle moderne teorie scientifiche.

Il grande contributo offerto da Galileo risiede, infatti, nella combinazione della sperimentazione scientifica con il linguaggio matematico per formulare le leggi della natura da lui scoperte: per questo, egli viene considerato il padre della scienza moderna.

Allo scopo di permettere una descrizione matematica della natura, il metodo di Galileo si fondò sullo studio delle proprietà fondamentali dei corpi materiali, quelle che potevano essere misurate e quantificate.

Negli stessi anni in cui Galileo escogitava i suoi ingegnosi esperimenti, Francesco Bacone (1561-1626) formulò esplicitamente il metodo empirico nella scienza.

Bacone giunse ad una formulazione chiara del procedimento induttivo compiendo esperimenti e derivandone conclusioni generali, da verificare in ulteriori esperimenti: egli divenne uno strenuo sostenitore di questo nuovo metodo d'indagine scientifica, attaccando coraggiosamente le scuole di pensiero tradizionali fondate sul metodo deduttivo aristotelico. Il metodo deduttivo parte da postulati, cioè verità che non sono soggette a verifica, da cui discendono, attraverso il ragionamento logico (il sillogismo), una serie di conseguenze; al contrario, il metodo induttivo proposto da Galileo e Bacone consiste in un processo di astrazione che consente di trovare una regola generale partendo da pochi dati particolari.

Con Galileo e Bacone nasce dunque il metodo scientifico, un indirizzo che intende separare l'osservatore dall'oggetto osservato e costruire una prospettiva neutrale per lo sviluppo della conoscenza oggettiva.

E' da sottolineare che lo "spirito baconiano" trasformò completamente la natura ed i fini della ricerca scientifica. Sin dall'Antichità la scienza aveva perseguito la sapienza, la comprensione dell'ordine naturale ed una vita in accordo con essi, e l'atteggiamento dello scienziato era essenzialmente, come diremmo oggi, "ecologico"; da Bacone in poi, il fine della scienza si radica nella ricerca di un controllo sempre più profondo sulla natura e nello sviluppo di una "conoscenza oggettiva" che, nelle parole di Bacone stesso, avrebbe permesso all'uomo di prendere il *comando sulle cose naturali, sui corpi, sulla medicina, sulle forza meccaniche e su infinite altre cose di questo tipo.*

In tale visione, lo scopo dello scienziato era dunque quello di controllare la natura: siamo ormai lontani dal concetto antico della "Madre terra", ed esso verrà completamente stravolto quando la rivoluzione scientifica sostituirà la concezione organica della natura con la metafora del mondo come macchina ad opera di due delle menti più feconde del Seicento, Cartesio e Newton.

Come Galileo, Cartesio (1596-1650) era convinto che il *libro della natura* fosse scritto in caratteri matematici, ed il suo grande progetto fu di ridurre tutti i fenomeni fisici a rapporti matematici esatti.

Egli ridusse tutta la natura a semplici questioni di moto, nelle quali solo lo spazio, la posizione e il movimento avevano importanza: *"Datemi posizione e movimento"*, diceva, *"e vi costruirò l'universo."*

Tra i maggiori contributi offerti da Cartesio ricordiamo il metodo analitico di ragionamento, in base al quale i pensieri e i problemi vengono scomposti in frammenti e disposti nel loro ordine logico. Tale metodo è alla base del moderno pensiero scientifico e si è rivelato utilissimo non solo nello sviluppo delle teorie scientifiche ma anche nella realizzazione di progetti tecnologici complessi. Alla base della concezione cartesiana della natura troviamo il fondamentale dualismo tra due regni indipendenti e separati: quello dello spirito, o *res cogitans*, la "sostanza pensante" e quello della materia, o *res extensa*, la "sostanza estesa".

Questa divisione cartesiana tra *spirito* e *materia* ha inciso profondamente nel pensiero occidentale nei secoli successivi a Cartesio conducendo, tra l'altro, all'annoso problema circa i rapporti tra mente e corpo che tuttora infiamma il dibattito scientifico.

Secondo Cartesio, tanto la materia quanto lo spirito erano creazioni di Dio, inteso quale fonte dell'ordine naturale esatto e origine della luce della ragione che consentiva alla mente umana di riconoscere tale ordine; nei secoli successivi, però, tale riferimento a Dio venne tralasciato dagli scienziati che svilupparono le loro teorie seguendo la divisione cartesiana: le scienze umanistiche si concentrarono sulla res cogitans e le scienze naturali sulla res extensa.

L'universo materiale era per Cartesio una macchina priva di qualsiasi intenzionalità o spiritualità; la natura funzionava secondo leggi meccaniche ed ogni cosa, nel mondo materiale, poteva essere spiegata in funzione della disposizione e del movimento delle sue parti. Questa concezione meccanicistica della materia fu estesa da Cartesio anche agli organismi viventi, nel tentativo di formulare una scienza naturale completa: piante ed animali erano considerati semplicemente come macchine, mentre gli esseri umani erano "abitati" da un'anima razionale (res cogitans) collegata con il corpo (res extensa) attraverso la ghiandola pineale, al centro del cervello.

Il corpo umano, dal canto suo, era indistinguibile da un animale-macchina. Questa visione profondamente meccanicista della natura fu ispirata a Cartesio anche dall'alta precisione e tecnologia cui era giunta, al suo tempo, l'arte della costruzione degli orologi: Cartesio comparò gli animali a un "orologio composto da ruote e molle" ed estese questa comparazione al corpo umano, al punto da assimilare un corpo malato ad un orologio mal costruito e, viceversa, un corpo sano ad un orologio ben costruito e perfettamente funzionante.

La rivoluzione scientifica fu coronata dall'opera di Isacco Newton (1642-1728), che scoprì il metodo matematico per descrivere il moto meccanico, giungendo così ad una grande sintesi delle opere di Copernico, Keplero, Bacone, Galileo e Cartesio. Keplero aveva derivato le leggi empiriche dei moti planetari studiando le tavole astronomiche, e Galileo aveva scoperto le leggi dei corpi in caduta: Newton combinò questi risultati formulando le leggi generali del moto che governano tutti gli oggetti nel sistema solare, dalle pietre ai pianeti.

Resosi conto che ogni oggetto veniva attratto verso la Terra dalla medesima forza che attirava i pianeti verso il Sole, Newton introdusse i concetti di inerzia centripeta e di forza di gravità, pervenendo poi alle famose tre leggi del moto:

1) *legge di inerzia* (già formulata da Leonardo da Vinci e successivamente da Galileo): afferma che un corpo persevera nel suo stato di quiete o di moto rettilineo uniforme finché non interviene una forza dall'esterno a modificarlo;
2) *legge di proporzionalità tra forza e accelerazione*: questa legge pone in stretta relazione la forza agente su un corpo con la sua massa e con l'accelerazione a questo impressa, secondo la relazione: $F = ma$;
3) *leggi di azione e reazione*: afferma che ad ogni azione corrisponde una reazione uguale e contraria.

L'importanza di tali leggi risiede nella loro universalità: si trovò, infatti, che esse sono valide in tutto il sistema solare e ciò apparve come una conferma del modello meccanicista della natura proposto da Cartesio.

Nel 1686 Newton presentò la sua concezione completa della natura e del mondo nei *Philosophiae naturalis principia matematica* (Principi matematici della filosofia naturale): quest'opera comprende un vasto sistema di definizioni, proposizioni e dimostrazioni che, per più di duecento anni, vennero considerate la descrizione più esauriente del mondo della natura.

Nei *Principia* Newton enuncia anche il metodo sperimentale da lui adottato e che nasce da una fortunata combinazione dei due metodi impiegati fino a quel momento: il metodo empirico-induttivo di Bacone ed il metodo razionale-deduttivo di Cartesio.

Newton dichiara che non solo gli esperimenti devono fondarsi su un'interpretazione sistematica dei fenomeni, ma che anche la deduzione da principi primi deve essere corroborata da prove sperimentali: in assenza di questi requisiti non è possibile giungere alla formulazione di teorie scientificamente valide. Con questo, Newton consacrò definitivamente il trionfo di quel metodo sperimentale sul quale è fondata, da allora, la scienza della natura.

L'universo newtoniano nel quale avevano luogo i fenomeni fisici era lo spazio tridimensionale della geometria classica euclidea, uno spazio vuoto indipendente dai fenomeni che si manifestano in esso. Ogni mutamento nello spazio fisico veniva descritto in relazione ad una dimensione separata, il tempo assoluto e privo di qualsiasi connessione con il mondo materiale: esso fluiva ininterrottamente dal passato al futuro, attraverso il presente.

In questo spazio ed in questo tempo assoluti si muovevano delle particelle materiali, piccoli oggetti solidi e indistruttibili di cui era composta tutta la materia, che Newton supponeva sostanzialmente omogenea: egli spiegava la differenza fra i vari tipi di materia non facendo riferimento ad atomi di peso o densità diversi ma in funzione di aggregazioni più o meno dense di atomi.

Nella meccanica newtoniana tutti i fenomeni fisici si riducono al moto di queste particelle elementari causato dalla loro attrazione reciproca, ossia dalla forza di gravità.

L'effetto della forza di gravità su una particella o su un qualsiasi oggetto materiale è descritto matematicamente dalle equazioni del moto di Newton, che formano la base della meccanica classica.

Per quanto concerne l'indagine empirica di questo universo, essa si arrestava dinnanzi alla natura delle particelle stesse e della forza di gravità: tanto le une quanto l'altra erano creazioni di Dio e come tali sfuggivano ad un'analisi più approfondita.

Nell'Opticks, Newton fornì una chiara descrizione di come immaginava la creazione del mondo materiale ad opera di Dio:

"Mi sembra probabile che Dio al principio abbia creato la materia sotto forma di particelle solide, compatte, dure, impenetrabili e mobili, dotate di tali dimensioni e figura, e di tali proprietà e di tali proporzioni rispetto allo spazio, da essere le più adatte per il fine per il quale egli le aveva create; e che queste particelle originarie, essendo solide, siano incomparabilmente più dure di qualsiasi corpo poroso da esse composto; anzi tanto perfettamente dure, da non poter mai consumarsi o infrangersi: nessuna forza comune essendo in grado di dividere ciò che Dio, al momento della creazione, ha fatto uno." (Newton, 1704)

Da quanto descritto finora emerge chiaramente l'immagine di una gigantesca macchina cosmica interamente governata da meccanismi causali: tutto ciò che accade nasce da una causa ben precisa ed origina effetti determinati e matematicamente prevedibili, ed il futuro di ogni parte del sistema può essere "calcolato" con assoluta certezza purché se ne conosca lo stato in un tempo dato.

L'Ottocento ed il Settecento utilizzarono la macchina newtoniana per spiegare fin nei minimi particolari il moto dei pianeti, dei satelliti e delle comete, oltre alle maree e a molti altri fenomeni connessi con la gravità.

Infine, tale modello travalicò i confini dell'astronomia, e venne applicato allo studio di processi quali il comportamento di solidi, liquidi e gas, compresi i fenomeni del calore e del suono spiegati in funzione del moto di particelle materiali elementari.

La concezione meccanicistica può essere sintetizzata dalla seguente celebre affermazione di P. S. Laplace (1814):

"Dobbiamo dunque considerare lo stato presente dell'Universo come effetto del suo stato anteriore, e come causa del suo stato futuro. Un'intelligenza che, per un dato istante, conoscesse tutte le forze di cui è animata la natura e la situazione rispettiva degli esseri che la compongono, se per di più fosse abbastanza profonda per sottomettere questi dati all'analisi, abbraccerebbe nella stessa formula i movimenti dei più grandi corpi dell'universo e dell'atomo più leggero: nulla sarebbe incerto per essa e l'avvenire, come il passato, sarebbe presente ai suoi occhi." (Laplace, 1795).

4.2 La termodinamica: il principio dell'entropia e la morte termica

Nel XIX secolo, l'applicazione della meccanica newtoniana allo studio dei fenomeni termici condusse alla nascita di una nuova branca della fisica: la termodinamica. Questa disciplina, nata dallo sforzo speculativo di studiosi quali Boyle, Boltzman, Clausius e Carnot, si occupa dello studio dell'energia, della quale il calore è una forma. In particolare, vengono analizzati i gas e le loro trasformazioni, che si pongono alla base delle cosiddette macchine termiche, apparati costruiti per convertire calore in movimento, energia in lavoro.

La termodinamica si fonda essenzialmente su tre principi:

1) il primo principio, noto come principio di conservazione dell'energia, afferma che l'energia non può essere né creata né distrutta, ma solo trasformata;

2) il secondo principio, o principio dell'entropia, afferma che in ogni trasformazione di energia (ad esempio trasformando il calore in lavoro), una parte di energia si libera nell'ambiente. L'entropia è la grandezza con cui si misura la quantità di energia che si è liberata nell'ambiente. Quando l'energia liberata nell'ambiente è distribuita in modo uniforme (ad esempio non vi sono più variazioni di calore) si raggiunge uno stato di equilibrio e non è più possibile trasformare l'energia in lavoro. L'entropia misura quanto un sistema sia vicino allo stato di equilibrio e quale sia quindi il grado di disordine del sistema stesso;

3) il terzo principio afferma che l'entropia, cioè il disordine, di un sistema isolato non può diminuire. Pertanto, quando un sistema isolato raggiunge una configurazione di massima entropia non può subire ulteriori trasformazioni: ha raggiunto l'equilibrio, o morte termica.

Il principio dell'entropia (o secondo principio della termodinamica) è particolarmente significativo in quanto introduce in fisica l'idea di processi irreversibili.

L'irreversibilità si riferisce al fenomeno per cui l'energia si sposta sempre da uno stato di disponibilità ad uno stato di non disponibilità, nel quale essa si è ormai completamente dissipata nell'ambiente e non è più "recuperabile".

A questo proposito, l'eminente fisico Sir Arthur Eddington (1882-1944) afferma che "*l'entropia è la freccia del tempo*", nel senso che essa obbliga gli eventi fisici a muoversi dal passato verso il futuro, cioè da una situazione di disponibilità di energia ad un'altra in cui l'energia non è più disponibile (Eddington, 1927).

La nostra coscienza registra continuamente le variazioni di entropia che avvengono nel mondo attorno a noi: vediamo i nostri amici diventare vecchi e morire; quando ci sediamo vicino a un fuoco vediamo che le braci roventi si trasformano pian piano in ceneri bianche e fredde; ci accorgiamo che il mondo attorno a noi si modifica in continuazione e tutto ciò non è che la manifestazione della seconda legge. È il processo irreversibile della dissipazione di energia del mondo.

Il termine irreversibilità si riferisce quindi al fatto che in tutti i fenomeni fisici sarebbe presente una certa tendenza dall'ordine al disordine, senza possibilità di ritornare allo stato originario nel quale l'energia era tutta disponibile: ad esempio, l'energia meccanica si dissipa in calore e non può essere mai recuperata completamente; ancora, se mescoliamo assieme acqua calda e acqua fredda otterremo acqua tiepida, ma non vedremo mai i due liquidi separarsi spontaneamente.

Il terzo principio della termodinamica deriva come conseguenza logica dal secondo principio: dal momento che la dissipazione di energia è un processo irreversibile (nel senso che l'energia dissipata non potrà mai essere recuperata e riutilizzata), l'entropia di un sistema isolato (ossia chiuso rispetto a qualsiasi informazione proveniente dall'esterno) non potrà fare altro che aumentare, fino al raggiungimento dell'equilibrio termico (o morte termica).

Il termine "entropia" fu introdotto nella metà dell'Ottocento da Rudolf Clausius, impegnato nella ricerca di una forma matematica precisa che descrivesse questa direzione dell'evoluzione dei sistemi fisici; il vocabolo nasce da una combinazione di *"energia"* e *"tropos"*, termine greco che significa trasformazione o evoluzione: l'entropia è quindi una quantità che misura il grado di evoluzione di un sistema fisico ma, al contempo, può essere intesa anche come una misura del "disordine", visto che l'evoluzione di un sistema fisico isolato è accompagnata sempre da un disordine crescente.

Come abbiamo visto, il principio dell'entropia afferma che un sistema fisico isolato procede spontaneamente in direzione di un disordine ed una omogeneità crescenti, raggiungendo infine la morte termica.

Tuttavia, questa ferrea legge sembra puntualmente contraddetta dal fenomeno della vita: i sistemi viventi, anziché tendere all'omogeneità e al disordine, si evolvono verso forme di organizzazione sempre più complesse e sono in grado, tra l'altro, di mantenersi lontani dalla morte termica.

Jacques Monod cercò di spiegare la vita come il risultato di condizioni iniziali "improbabili". Con questo espediente logico si rendeva l'apparire della vita compatibile con il principio dell'entropia, ma il suo mantenimento sembrava una lotta continua contro le leggi della fisica, che rendevano altamente improbabile la sua esistenza.

L'entropia ammette infatti un solo tipo di evoluzione: la scomparsa di ogni attività macroscopica e di ogni organizzazione. La biologia ha perciò fondato la spiegazione del funzionamento dell'essere vivente sull'impressionante serie di eventi improbabili costituiti dalla comparsa del codice genetico e dalle mutazioni favorevoli, e sull'evoluzione prevedibile verso la morte e l'inattività macroscopica: un universo estraneo alla vita, retto da leggi che la ignorano e in cui noi non siamo altro che incidenti.

Jacques Monod usò queste parole per descrivere la visione che nasce dall'entropia: *"l'uomo deve infine destarsi dal suo sogno millenario per scoprire la sua completa solitudine, la sua assoluta stranezza. Egli ora sa che, come uno zingaro, si trova ai margini dell'universo in cui deve vivere. Universo sordo alla sua musica, indifferente alle sue speranze, alle sue sofferenze, ai suoi crimini."* (Monod, 1974)

4.3 La relatività di Galileo

Nel suo *"Dialoghi sui Massimi Sistemi"* Galileo Galilei dà una descrizione molto chiara del principio di relatività galileiana. Egli immagina un osservatore (inteso come rilevatore oggettivo di eventi), rinchiuso nella stiva di una nave, che esegue una serie d'osservazioni sulla caduta dei gravi.

Galileo spiega, molto chiaramente, come in nessun modo sia possibile per questo osservatore trarre alcuna indicazione sulla velocità del moto della nave mediante esperimenti che si svolgano esclusivamente all'interno della nave stessa, in quanto tutti i punti di riferimento si muovono alla stessa velocità dell'osservatore. Galileo nota, però, che per un osservatore fermo sulla spiaggia (anche qui inteso come rilevatore oggettivo di eventi) le velocità dei corpi sulla nave si sommeranno o si sottrarranno alla velocità della nave stessa.

Ad esempio, se un galeone si muove a 20 km/h e una palla di un cannone viene sparata alla velocità di 280 km/h da un cannone di prua, l'osservatore fermo sulla spiaggia vedrà la palla muoversi a 300 km/h, cioè 280 km/h della velocità dello sparo sommati ai 20 km/h del movimento della nave. Diversamente, se la palla di cannone viene sparata da poppa, per l'osservatore fermo sulla spiaggia la velocità della palla sarà di 260 km/h, cioè 280 km/h della velocità dello sparo meno i 20 km/h del movimento della nave (dal momento che, in questo secondo caso, la palla di cannone e la nave vanno in direzioni opposte). Al contrario, per il marinaio che si trova sulla nave e condivide con essa lo stesso sistema inerziale (moto), la palla di cannone si muoverà sempre alla velocità di 280 Km/h qualsiasi sia la direzione in cui la palla viene sparata:

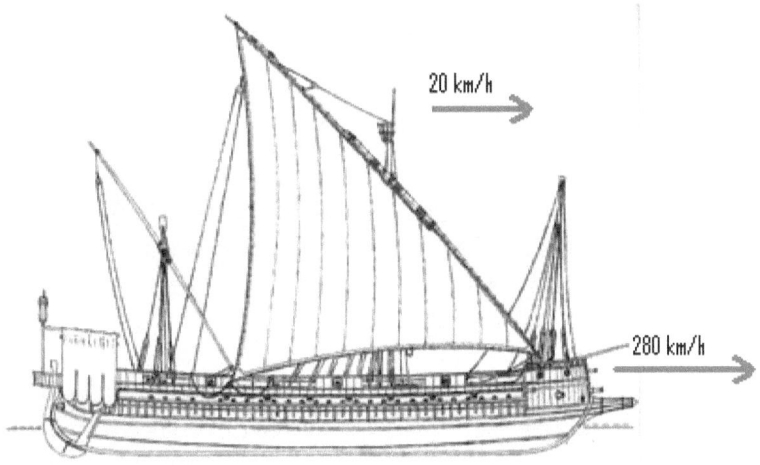

Quindi, un osservatore sulla terraferma che vede la palla di cannone sparata da prua muoversi a 300 km/h mentre la nave si muove a 20 km/h, può concludere che la velocità dello sparo è stata di 280 km/h.

La relatività di Galileo nasce dalla constatazione che, cambiando sistema di riferimento, le velocità si sommano o si sottraggono a seconda del moto relativo dei sistemi. In definitiva, nella relatività di Galileo le velocità sono relative al sistema di riferimento, mentre il tempo fluisce in modo costante in tutti i sistemi. E' importante sottolineare che la fisica classica, newtoniana, si basa appunto sul principio di relatività di Galileo.

4.4 *La relatività di Einstein e la coesistenza di passato, presente e futuro*

Alla fine dell'Ottocento Maxwell si trovò avanti ad una serie di dati sperimentali che entravano in contraddizione con la relatività di Galileo. Gli esperimenti sull'elettromagnetismo mostravano infatti che la velocità della luce non si somma al moto del corpo che la emette. Inoltre, all'inizio del Novecento Michelson e Moreley dimostrarono in modo certo che la velocità della luce è una costante, cioè non si somma in nessun modo alla velocità del corpo che la emette. Infine, le indagini teoriche profondamente innovatrici di H.A. Lorentz sui fenomeni elettrodinamici e ottici nei corpi in movimento, dimostrarono in modo inequivocabile che la velocità della luce nel vuoto è costante.

Nel 1905, analizzando i risultati sperimentali ottenuti da Michelson, Moreley e Lorentz, Einstein si trovò costretto a ribaltare la legge della relatività galileiana secondo la quale il tempo è assoluto e la velocità è relativa: infatti, per poter descrivere matematicamente il fatto che la velocità della luce è sempre costante era necessario accettare la relatività del tempo.

Per spiegare questa affermazione immaginiamo, dopo 500 anni, un astronauta su una nave spaziale velocissima che si muove a 20 mila chilometri al secondo (km/s) e che spara con il suo cannone laser un raggio di luce, che viaggia a 300mila km/s, nella direzione della Terra.

Un osservatore (inteso, anche qui, come rilevatore oggettivo di eventi) sulla Terra non vedrà questo fascio di luce arrivare a 320mila km/s come vorrebbe la relatività galileiana, ma lo vedrà viaggiare sempre a 300mila km/s (dal momento che la velocità della luce è una costante universale). L'osservatore sulla Terra, in base alla relatività di Galilei, dovrebbe concludere che l'astronauta vede la luce muoversi a 280mila km/s (cioè, i 300mila km/s della velocità della luce da lui osservata meno i 20mila km/s della nave spaziale, dal momento che l'astronauta stesso si muove alla velocità di 20mila Km/s). In contrasto con queste previsioni, tuttavia, anche l'astronauta sulla nave spaziale vedrà questo fascio di luce muoversi a 300mila km/s.

Einstein arrivò così alla dimostrazione che l'elemento che varia non è la velocità della luce (che è costante), bensì il tempo. Riprendendo l'esempio della nave spaziale, nel momento in cui ci muoviamo nella direzione del fascio di luce, il nostro tempo rallenta in proporzione e per noi la luce continua perciò a muoversi sempre a 300 mila km/s.

Questo fatto comporta che, se la nostra velocità fosse prossima alla velocità della luce, il nostro tempo rallenterebbe fino a fermarsi e che, se fossimo in grado di superare la velocità della luce, il nostro tempo si invertirebbe e comincerebbe a fluire all'indietro.

In altre parole, gli eventi che accadono nella direzione verso cui ci muoviamo diventano più veloci, perché il nostro tempo rallenta, mentre gli eventi dai quali ci allontaniamo diventano più lenti perché il nostro tempo accelera.

Per chiarire questa situazione, Einstein riporta l'esempio di un fulmine che colpisce una lunga ferrovia simultaneamente in due punti A e B, molto lontani tra loro (Einstein, 1916).

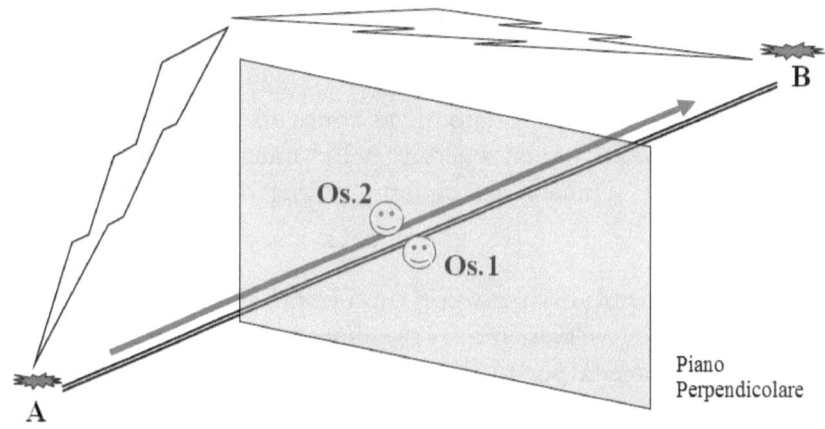

Un primo osservatore (inteso, anche in questo ambito, come un rilevatore oggettivo di eventi) fermo su una panchina a metà strada tra i due punti colpiti, vedrà i due colpi di fulmine cadere simultaneamente sulle rotaie. Immaginiamo a questo punto un secondo osservatore su un treno velocissimo che si muova da A verso B: nell'istante in cui il lampo colpisce le rotaie, questo osservatore si trova a passare esattamente accanto all'osservatore seduto sulla panchina; ebbene, per l'osservatore sul treno, l'evento del lampo che colpisce il punto B è un evento già accaduto, in quanto gli eventi nella direzione in cui ci muoviamo scorrono più velocemente, mentre per l'osservatore seduto sulla panchina sta accadendo in quel momento; al contrario, il lampo che colpisce il punto A è, per il secondo osservatore, un evento che deve ancora accadere, mentre per l'osservatore seduto sulla panchina sta accadendo in quel momento: da ciò deriva necessariamente che i due osservatori, pur trovandosi nello stesso punto dello spazio allo stesso momento, non possano raggiungere un accordo sulla contemporaneità dell'evento stesso, in quanto la contemporaneità degli eventi è necessariamente legata alla condizione di moto dell'osservatore.

In altre parole, gli eventi che accadono nella direzione verso cui ci muoviamo scorrono più veloci, perché il nostro tempo rallenta; ma gli eventi che accadono nella direzione opposta a quella del nostro moto sono più lenti, poiché in quella direzione il nostro tempo accelera. Insomma, la realtà scorre in modo diverso a seconda che gli eventi avvengano nella direzione in cui ci muoviamo o nella direzione dalla quale ci allontaniamo: nel primo caso gli eventi sono più rapidi, nel secondo caso sono più lenti.

L'esempio appena riportato tiene conto di solo due osservatori dello stesso evento: ma cosa accade nel momento in cui ci sono più osservatori che si muovono ognuno in una direzione diversa e a velocità elevata?

1. La prima coppia di osservatori (uno fermo sulla panchina e l'altro sul treno velocissimo) raggiungerà un accordo sulla contemporaneità per tutti quegli eventi che accadono sul piano perpendicolare al movimento del treno;
2. inserendo un terzo osservatore che si muove in un'altra direzione ma che nell'istante dell'evento passa accanto agli altri due osservatori, si potrà raggiungere un accordo di contemporaneità solo per quegli eventi che accadono sulla retta che unisce i due piani perpendicolari al moto;
3. inserendo un quarto osservatore, l'accordo si potrà raggiungere solo per un punto;
4. inserendo, infine, un quinto osservatore che, per di più, in quel istante non passa accanto agli altri osservatori, non si potrà raggiungere alcun accordo di contemporaneità: di conseguenza, se per noi è reale solo ciò che accade in quel momento, si giungerà al venir meno dell'accordo circa l'esistenza della realtà stessa.

A questo punto, per poter ristabilire l'accordo reciproco tra gli osservatori relativamente a ciò che è reale (elemento che si pone alla base di qualsiasi indagine scientifica), siamo costretti ad accettare come reali e compresenti eventi per noi futuri o passati ma contemporanei per altri osservatori. Da ciò deriva che una necessaria conseguenza della teoria della relatività ristretta, è la coesistenza di passato, presente e futuro (Fantappiè, 1993).

4.5 Simmetria del tempo, supercausalità e retrocausalità

Le pietre miliari del progresso scientifico sono state spesso segnate da scoperte contro-intuitive. Ad esempio:

1. era intuitivo immaginare la Terra piatta, mentre era contro-intuitivo immaginarla rotonda;
2. era intuitivo immaginare il Sole che ruota attorno alla Terra, ma contro-intuitivo immaginare la Terra che ruota attorno al Sole.

Oggi è intuitivo immaginare il tempo che scorre dal passato verso il futuro, ma contro-intuitivo immaginare che passato, presente e futuro coesistono!

Tuttavia, dalla relatività di Einstein nasce la descrizione di un universo simmetrico relativamente al verso del tempo: da una parte energia ed onde che si propagano dal passato verso il futuro, dall'altra energia ed onde che si propagano a ritroso dal futuro verso il passato e che noi, che ci muoviamo dal passato verso il futuro, sperimentiamo come attrattori.

Einstein indicava questo nuovo modello con il termine *Übercausalität* (supercausalità) e riteneva che fosse necessario estendere l'attuale paradigma scientifico fino a comprendere la supercausalità.

La formula , da sempre associata all'immagine e al lavoro di Albert Einstein, fu in realtà pubblicata per la prima volta da Oliver Heaviside nel 1890 e successivamente perfezionata da Henri Poincaré (1900) e da Olinto De Pretto (1903), divenendo poi famosa con la relatività ristretta di Einstein (1905), il quale la integrò con il momento nell'equazione energia/momento/massa:

$$E^2 = c^2 p^2 + m^2 c^4$$

In questa equazione, l'energia totale (E), in qualsiasi forma essa si manifesti, è il risultato della somma del momento (p) e della massa (m), moltiplicate per la velocità della luce (c).

Poiché l'equazione è di secondo ordine (elevata al quadrato), per ricavare la quantità di energia totale presente nell'oggetto misurato, ossia il valore di E, è necessario calcolare la radice quadrata che, come è noto, produce sempre due soluzioni, una positiva ed una negativa. Questo perché il quadrato di un numero può essere prodotto da un numero positivo come da un numero negativo (ad esempio, 4 può essere espresso come $+2^2$ e come -2^2). Per questo motivo, quando si calcola la radice quadrata di 4 il risultato sarà duplice: -2 e +2. Ne consegue che le soluzioni dell'equazione energia/momento/massa sono sempre due: una positiva ($+E$) e una negativa ($-E$).

E' importante notare che:

1. la soluzione positiva ($+E$) descrive energia che si propaga nel verso a noi familiare, cioè dal passato verso il futuro;
2. la soluzione negativa ($-E$) descrive energia che si propaga a ritroso nel tempo, dal futuro verso il passato.

Ovviamente, la soluzione negativa dell'energia fu considerata impossibile, un assurdo della matematica, in quanto se fosse stata reale avrebbe implicato l'esistenza di cause collocate nel futuro che agiscono a ritroso sul nostro presente.

Questa assurdità si risolveva da sola nei sistemi inerziali in cui il momento (p) è pari a zero, cioè in quei sistemi in cui l'osservatore e l'oggetto osservato condividono le stesse forze.

In questi casi, infatti, si toglie dall'equazione energia/momento/massa la componente del momento in quanto $c^2 p^2 = 0$ e l'equazione si semplifica nella famosa $E = mc^2$.

Tuttavia, nel 1924 Wolfgang Pauli (premio Nobel 1945 per la fisica), studiando l'emissione spettrale dei metalli alcalini, scoprì lo spin associato alla rotazione degli elettroni su se stessi. Lo spin degli elettroni corrisponde ad un momento (p) che non può essere azzerato, in quanto parte costitutiva della materia stessa: infatti, anche un oggetto perfettamente immobile ha in sé il momento che deriva dallo spin degli elettroni di cui è composto. A questo punto, l'equazione energia/momento/massa torna necessariamente ad essere espressa, nel mondo subatomico, al quadrato, producendo così la scomoda soluzione ad energia negativa.

Nel 1926 Klein e Gordon inserirono l'equazione energia/momento/massa all'interno dell'equazione di Schrödinger (meccanica quantistica) allo scopo di renderla relativistica. Klein e Gordon si trovarono così di fronte al fatto che la funzione d'onda relativizzata di Schrödinger presentava due soluzioni: onde che si propagano dal passato verso il futuro ($+E\Psi$) e onde che si propagano a ritroso dal futuro verso il passato ($-E\Psi$).

Nel 1928 Paul Dirac cercò di risolvere l'assurdo dell'energia negativa e delle onde che si propagano a ritroso nel tempo applicando l'equazione energia/momento/massa allo studio dell'elettrone, rendendolo in questo modo relativistico. Con sua grande sorpresa e delusione, tuttavia, la "scomoda" doppia soluzione si presentò nuovamente, nella forma dell'elettrone (e-) e dell'antielettrone ($e+$).

L'antiparticella dell'elettrone, inizialmente chiamata neg-elettrone da Dirac, fu poi sperimentalmente osservata nel 1932 da Carl Anderson negli sciami di raggi cosmici e da allora indicata con il nome di positrone. E' importante sottolineare che Anderson fu in questo modo il primo a dimostrare l'effettiva esistenza della soluzione negativa dell'energia e delle onde che si propagano a ritroso nel tempo: non solo una "stranezza" matematica, dunque, ma anche e soprattutto una realtà empirica. Dalla famosa equazione dell'elettrone formulata da Dirac discende in questo modo un universo fatto di materia e di onde che si muovono dal passato verso il futuro, e di antimateria e di onde che si muovono in senso inverso, dal futuro verso il passato.

Al fine di togliere di mezzo l'imbarazzante duplice soluzione dell'energia, Dirac propose nel 1931 un'ipotesi che Penrose, nel suo bel libro "*La Strada che Porta alla Realtà*" (Penrose, 2005), descrive come semplicemente "pazzesca". Dirac partì dal principio di Pauli, secondo il quale due elettroni non possono occupare uno stesso stato, e avanzò l'ipotesi che tutti gli stati di energia negativa fossero già occupati. Questo oceano di stati di energia negativa occupati viene ora chiamato "mare di Dirac". Secondo Dirac, gli stati di energia negativa sono pieni, impedendo così, per il principio di Pauli, che un elettrone entri in contatto con un neg-elettrone. Su questa ipotesi si fonda oggi il modello standard della fisica delle particelle.

Roger Penrose sottolinea che in genere l'atteggiamento dei fisici è quello di escludere come *"non fisiche"* tutte quelle soluzioni che violano la causalità classica, cioè tutte quelle soluzioni in cui diventa possibile che un segnale sia inviato da qualche evento nel passato di quel medesimo evento.

Penrose, pur operando egli stesso questa scelta, sottolinea che si tratta di una scelta soggettiva rispetto alla quale alcuni fisici hanno un atteggiamento diverso. Penrose dedica quasi 200 pagine del suo libro al paradosso della soluzione negativa. Secondo lui è importante che il valore E dell'energia sia sempre un numero positivo. Infatti, la soluzione negativa conduce, nella fisica delle particelle, a *"catastrofiche"* instabilità.

"Sfortunatamente, nelle particelle relativistiche ciascuna delle due soluzioni della radice quadrata deve essere ritenuta una possibilità, così che persino una non fisica energia negativa deve essere valutata come una possibilità fisica. Ciò non accade però nel caso di particelle non relativistiche. In quest'ultimo caso, la quantità è definita sempre positiva e non si ha perciò l'imbarazzante radice quadrata."

Penrose aggiunge che l'espressione relativistica dell'equazione di Schrödinger non offre una procedura chiara per escludere la soluzione negativa delle radici quadrate. Nel caso di una singola particella libera (o di un sistema di tali particelle non interagenti), questo non porta effettivamente ad una seria difficoltà, perché possiamo limitare l'attenzione a sovrapposizioni di soluzioni di onde piane di energia positiva dell'equazione libera di Schrödinger. Tuttavia, questo non è più il caso quando sono presenti interazioni; persino per una singola particella relativistica carica in un dato campo elettromagnetico la funzione d'onda non può, in generale, mantenere la condizione di frequenza positiva. Ciò crea un conflitto tra i principi della meccanica quantistica e quelli della relatività ristretta.

Nonostante la fisica classica abbia rifiutato di prendere in considerazione il concetto di retrocausalità, un numero di fisici autorevoli ha lavorato e tuttora lavora su questo concetto attualmente oggetto di valutazione da parte della comunità scientifica.

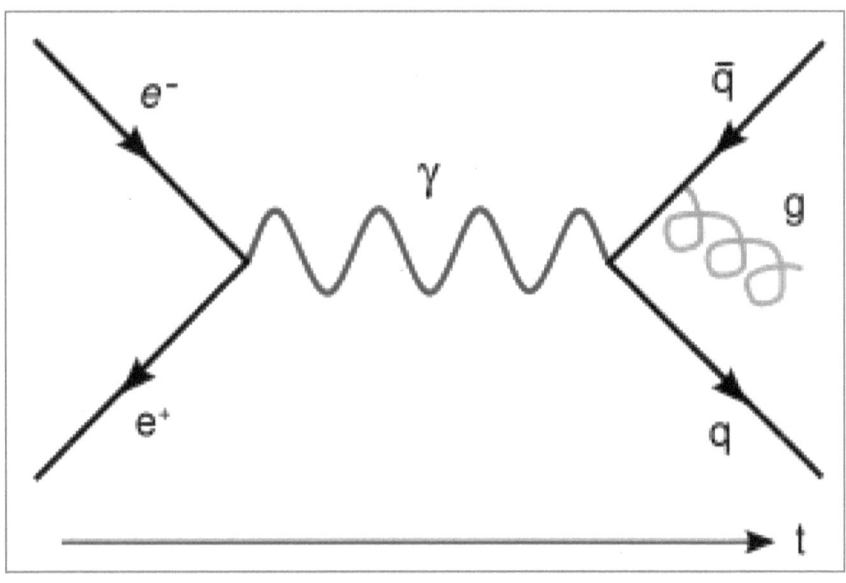

L'esempio classico sono i diagrammi di Feynman sull'annichilazione elettrone-positrone. Secondo questi diagrammi, l'elettrone non si annichila al contatto con un positrone, ma il rilascio di energia è dovuto al fatto che l'elettrone inverte il suo verso del tempo trasformandosi in un positrone e iniziando a muoversi a ritroso. Quando i diagrammi di Feynman vengono interpretati essi implicano necessariamente l'esistenza della retrocausalità (Feynman, 1949).

John Archibald Wheeler e Richard Feynman hanno proposto di utilizzare la soluzione negativa dell'energia, cioè delle "onde anticipate" che si muovono a ritroso nel tempo, per risolvere le equazioni di Maxwell. Feynman ha anche utilizzato il concetto di retrocausalità al fine di proporre un modello del positrone in base al quale la proposta di Dirac viene reinterpretata. In questo modello, gli elettroni che si muovono indietro nel tempo acquisterebbero carica positiva (Wheeler 1945).

Yoichiro Nambu (Nobel 2008 per la fisica) ha applicato la proposta di Feynman ai processi di annichilazione delle coppie particelle-antiparticelle, giungendo alla conclusione che non si tratta di un processo di annichilazione o di creazione di coppie particelle-antiparticelle, ma semplicemente del cambio di direzione della stessa particella, dal passato al futuro o dal futuro al passato (Nambu, 1950).

Costa de Beauregard ha utilizzato il concetto di retrocausalità per spiegare il meccanismo dell'entanglement (de Beauregard, 1977) e nel giugno 2006 l'American Association for the Advancement of Science ha organizzato presso l'Università di San Diego in California un convegno dedicato al tema della retrocausalità.

Come si vede, l'idea che il tempo sia unitario e che la freccia del tempo possa essere invertita è di fatto molto recente. Fino al XIX secolo il tempo veniva considerato come irreversibile, una successione di attimi assoluti. Solo con l'introduzione della relatività ristretta inizia a farsi strada il concetto di retrocausalità.

Nel 1954 il filosofo Michael Dummet iniziò a sostenere che nei fatti non esisteva alcuna contraddizione, e che nessun elemento filosofico si opponeva al fatto che gli effetti potessero precedere le cause (Dummet, 1954). Più recentemente, Jan Faye dell'Università di Copenhagen ha argomentato che anche se non sarà possibile realizzare viaggi nel tempo al livello macroscopico, ciò non necessariamente nega la possibilità della retrocausalità ad altri livelli (Faye, 1994) e Jeanne Peijnenburg ha iniziato ad utilizzare il concetto di retrocausalità per descrivere come questo possa ridefinire i processi percettivi (Peijnenburg, 1999).

5

METODOLOGIA

Al fine di testare l'ipotesi circa l'esistenza di effetti retrocausali, la condizione fondamentale è quella di disporre di sequenze impredicibili, cioè sequenze casuali pure che nessun processo cognitivo può, per definizione, essere in grado di predire.

Questo capitolo inizia con una breve trattazione sulle distribuzioni casuali e sulla differenza tra sequenze pseudo random e random; inoltre, verrà illustrata la metodologia utilizzata per produrre sequenze casuali pure con semplici PC.

Segue poi la descrizione di come si è giunti alla scelta dello strumento di misura (cardiofrequenzimetro) e degli stimoli utilizzati negli esperimenti.

Infine, viene dedicato un intero paragrafo alle tecniche statistiche di analisi dei dati. Infatti, nel corso degli esperimenti si è osservano che gli effetti studiati non sono additivi. Ad esempio, alcuni soggetti mostrano un aumento della frequenza cardiaca di fronte allo stimolo target, cioè lo stimolo che sarà selezionato dal computer, mentre altri soggetti mostrano una diminuzione della frequenza cardiaca.

Effettuando l'analisi dei dati all'interno dei singoli soggetti, l'effetto risulta fortemente significativo; quando, però, l'analisi viene effettuata sul complesso dei soggetti, gli effetti opposti si annullano portando così a non osservare l'effetto. La non additività degli effetti rende improprio l'uso di tecniche statistiche quali il confronto tra medie, l'ANOVA e la t di Student.

L'obiettivo di questo lavoro di ricerca sarà quindi anche quello di utilizzare e presentare tecniche statistiche in grado di trattare adeguatamente effetti non additivi.

5.1 L'impredicibilità delle distribuzioni casuali

Al fine di testare l'ipotesi circa l'esistenza di effetti retrocausali la condizione fondamentale è quella di disporre di sequenze impredicibili, cioè sequenze casuali.

In una sequenza casuale ogni termine della sequenza è totalmente indipendente dai termini precedenti e dai termini successivi. In altre parole, non esiste alcuna logica, alcuna informazione che lega termini collocati in posizioni diverse della sequenza. Questa condizione è nota come indipendenza sequenziale delle sequenze casuali ed è a volte descritta come "mancanza di memoria": il processo di estrazione casuale "non ricorda" i termini precedentemente selezionati e non può basare su di essi le selezioni di quelli successivi.

L'indipendenza sequenziale implica le seguenti qualità:

1. *L'impredicibilità*. La conoscenza di qualsiasi porzione della sequenza casuale non fornisce alcuna informazione utile per inferire qualunque altra porzione e/o per inferire le possibili estrazioni future. In altre parole, la conoscenza dei primi k termini non dà alcuna base di giudizio per sapere il termine k+1: questa proprietà è chiamata impredicibilità.
2. *L'equiprobabilità*. Una sequenza è casuale se in ogni punto ogni termine ha la stessa probabilità di essere estratto (equiprobabilità). Nel caso del lancio di un comune dado, tutte e sei le facce, per ogni lancio, hanno uguale probabilità di uscita. Similmente, si ha la stessa situazione con una moneta: per ogni lancio può uscire, indipendentemente, sia "testa" che "croce". L'equiprobabilità implica l'indipendenza sequenziale in quanto richiede che la scelta di ogni termine sia indipendente dalla scelta dei termini precedenti, cosicché ogni termine ha la stessa probabilità di essere scelto. Una conseguenza dell'equiprobabilità sono le distribuzioni di frequenza piatte, cioè ogni termine, nel tempo, mostrerà valori di frequenza analoghi agli altri termini.
3. *L'irregolarità*. L'impredicibilità porta una sequenza casuale a manifestare successioni "irregolari" e "non ripetitive" dei termini che la compongono.

4. *Assenza di ordine.* Le sequenze casuali risultano totalmente prive di struttura e di ordine. I processi cognitivi cercano, generalmente, di "strutturare", di ordinare le informazioni al fine di facilitare i processi di codifica e di ritenzione dell'informazione. Le sequenze casuali non offrono tale possibilità.

La differenza fondamentale tra causalità e casualità può essere ricondotta al fatto che mentre nella causalità si ha una base per la previsione degli eventi, per la casualità gli eventi non si possono predire.

Di conseguenza, una sequenza casuale si definisce anche come una successione di termini (eventi) che nessun processo cognitivo potrà mai essere in grado di predire.

5.2 Pseudo random e random

Con l'introduzione dei computer si è diffuso l'uso del termine inglese random al posto del termine italiano casuale. Nei vari linguaggi di programmazione le procedure di estrazione di numeri e di sequenze casuali utilizzano, in genere, il termine random.

Per facilità di esposizione, nella presente trattazione si farà riferimento in modo specifico alle caratteristiche del linguaggio di programmazione Delphi-Pascal che è stato utilizzato in questo lavoro per realizzare le applicazioni software degli esperimenti sulla retrocausalità.

Il linguaggio Delphi-Pascal utilizza una sequenza random predefinita (di lunghezza 232) alla quale si accede utilizzando un puntatore che può essere definito dall'utente o scelto sul momento dal computer utilizzando il valore numerico estratto dal clock, dall'orologio interno del computer.

Il linguaggio Delphi-Pascal presenta varie istruzioni, tra cui:

Randomize che legge l'orologio interno al computer e utilizza il valore estratto come puntatore alla sequenza random predefinita;

Random che legge il valore numerico della sequenza random al quale sta puntando il puntatore.

All'utente viene anche data la possibilità di inserire un valore da lui scelto per puntare alla sequenza random, questa opzione viene in genere utilizzata nei programmi in cui vi è esigenza di criptare le informazioni. Infatti, utilizzando lo stesso puntatore, l'estrazione dei numeri casuali sarà sempre la stessa.

Vediamo ora di capire come mai le sequenze prodotte dai computer vengono chiamate pseudo random.

Come si è visto, al fine di ottenere sequenze casuali diverse si utilizza la procedura Randomize; questa procedura legge l'orario del computer per estrarre un valore attraverso il quale puntare alla sequenza casuale. Il problema sorge nel momento in cui la procedura Randomize viene richiamata più volte. Poiché ogni ciclo di elaborazione dati impiega sempre lo stesso tempo, il nuovo valore dell'orologio del computer, estratto dalla procedura Randomize, è determinato da quello precedente. In altre parole le estrazioni, seppure effettuate su di una sequenza casuale, vengono tutte determinate dal primo valore estratto: il primo valore determina il successivo, e così via, facendo venir meno la condizione dell'indipendenza sequenziale della distribuzione casuale.

In genere il fatto che le sequenze generate dai computer siano degli pseudo random viene considerato di secondaria importanza. Tuttavia, nel caso degli esperimenti sulla retrocausalità, che si basano proprio sull'assunto dell'impredicibilità, il fatto di utilizzare sequenze pseudo random invaliderebbe il presupposto alla base dell'intero disegno sperimentale.

Fortunatamente la soluzione è incredibilmente semplice. Il problema nasce infatti dal fatto che la durata dei cicli di elaborazione dei dati attraverso i quali il computer punta alla sequenza casuale ed estrae i numeri casuali sono tutte della stessa lunghezza. Per ovviare a questo problema, ottenendo così estrazioni random "pure", è necessario utilizzare cicli di puntamento ed estrazione dei numeri casuali che non impieghino sempre lo stesso tempo. Più precisamente, è necessario utilizzare cicli il cui tempo di esecuzione sia impredicibile.

Questa condizione si realizza quando nel ciclo interviene un fattore esterno la cui durata è impredicibile.

Nel caso degli esperimenti che vengono condotti nell'ambito della psicologia, dove si chiede al soggetto di premere un tasto, ad esempio per fargli operare una scelta, il tempo di reazione è sempre diverso e imprevedibile. In altre parole, quando il tempo di scelta del soggetto, per definizione impredicibile, allunga o contrae la distanza temporale che separa un'estrazione casuale dall'altra, l'indipendenza sequenziale viene ripristinata e le sequenze casuali diventano impredicibili: perfettamente random.

Per questo motivo in tutti gli esperimenti realizzati è stato dato al soggetto un compito di selezione che ha introdotto una variabile impredicibile atta a garantire la natura casuale della sequenza random prodotta dal computer.

5.3 Scelta del cardiofrequenzimetro

Prima dell'inizio degli esperimenti (fine 2007) è stata eseguita una ricognizione attenta degli strumenti disponibili sul mercato per la misura dei parametri neurofisiologici legati al sistema nervoso autonomo (principalmente cardiofrequenzimetri e rilevatori della conduttanza cutanea). La quasi totalità degli strumenti analizzati presentavano gravi problemi nell'associazione della misura con il momento di rilevazione della misura stessa, e ciò a causa di vari fattori. Ad esempio:

1) molti cardiofrequenzimetri usano un proprio clock, diverso da quello del computer utilizzato per condurre l'esperimento;
2) il dato registrato su file non viene corretto in base al ritardo dovuto alla misura;
3) forti imprecisioni intrinseche negli strumenti, a volte prodotti da laboratori "artigianali".

Sono stati contattati tutti i produttori e rivenditori italiani di strumenti di laboratorio per la rilevazione della conduttanza cutanea e dell'ECG e per il calcolo della frequenza cardiaca, ma in tutti i casi i prodotti erano corredati da software che non rispondeva alle esigenze di sincronizzazione tra la misura della frequenza cardiaca e la presentazione delle immagini a computer. Inoltre, i produttori di questi strumenti non erano disposti a fornire le chiavi per il dialogo e l'acquisizione dei dati tramite la porta seriale, impedendo di fatto lo sviluppo di software da parte di terzi.

Gli strumenti di laboratorio rinvenuti sul mercato presentavano sempre questo limite: software preconfezionato e impossibilità di disporre delle chiavi per il dialogo diretto con lo strumento. Al fine di cercare di ovviare queste difficoltà, un laboratorio di ricerca del Nord Italia ha inviato alcuni strumenti di laboratorio per la rilevazione dell'ECG, ma in tutti i casi si è osservata l'impossibilità di stabilire il dialogo tramite la porta seriale. Tutti gli strumenti richiedevano un codice, una password, per l'attivazione del dialogo attraverso la porta seriale che era nota solo al produttore dello strumento. Il produttore dello strumento, una volta contattato, si rifiutava di fornire la password, proponendo di realizzare lui stesso il software necessario per la conduzione dell'esperimento, proteggendosi così dalla eventualità che terzi producessero software indipendentemente sugli strumenti da loro venduti.

In merito è stato contattato il professore Tressoldi, il quale ha confermato la stessa difficoltà. Presso il dipartimento di psicologia generale di Padova il problema è stato risolto facendo costruire il cardiofrequenzimetro direttamente dal loro tecnico di laboratorio. In altre parole, gli esperimenti del prof. Tressoldi hanno utilizzato un cardiofrequenzimetro costruito ad hoc. Questa strada non era però percorribile presso la facoltà di psicologia di Roma.

A dicembre 2007 si è iniziato a valutare l'utilizzo di strumenti non di laboratorio. Si è perciò allargata progressivamente l'indagine, giungendo alla scoperta di cardiofrequenzimetri di alta qualità utilizzati nel training sportivo.

Dopo un'attenta ricognizione è stato scelto il sistema "home training" della SUUNTO (www.suunto.com), composto da una cintura toracica codificata per la rilevazione della frequenza cardiaca e da una interfaccia USB (PC-POD) che riceve istantaneamente le misure effettuate dalla cintura toracica utilizzando segnali radio digitali e codificati che garantiscono l'assenza di interferenze. Si tratta di uno strumento che consente di sincronizzare perfettamente la misura della frequenza cardiaca con le immagini visualizzate su monitor.

Cardiofrequenzimetro della SUUNTO
composto da cintura toracica e radio-ricevitore USB

Il sistema SUUNTO rileva la frequenza cardiaca del soggetto ogni secondo e memorizza questo dato associandovi l'informazione dell'ora esatta (minuto, secondo). La frequenza cardiaca viene misurata utilizzando la tecnologia R-R sviluppata dalla FirstBeat technologies.

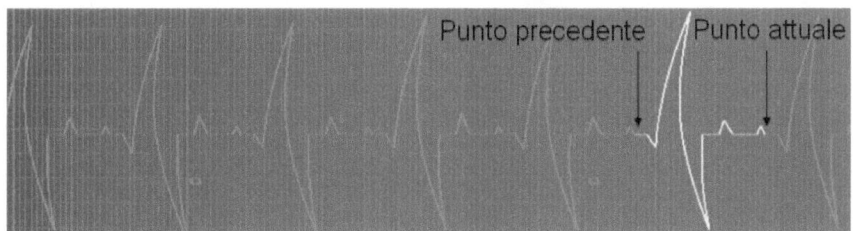

La frequenza cardiaca viene inizialmente misurata come distanza in millisecondi tra
il punto attuale e il corrispondente punto nel battito precedente, quindi tradotta in
frequenza cardiaca rapportandola al minuto.

L'algoritmo della FirstBeat calcola la distanza tra il punto attuale dell'ECG e il corrispondente punto nel battito precedente. Questa misura viene rapportata al minuto, ottenendo in questo modo la frequenza cardiaca.

Come con tutte le misure anche questa richiede dei tempi. Ad esempio, la misura può essere prodotta solo alla fine del secondo alla quale si riferisce e non all'inizio. Ciò implica che per una perfetta sincronizzazione tra le misure della frequenza cardiaca e gli stimoli presentati durante l'esecuzione dell'esperimento, l'ora, minuto e secondo associati alla misura devono essere corretti in modo da compensare il ritardo dovuto alla realizzazione della misura.

Al fine di valutare la dimensione dell'errore di misura sono stati effettuati una serie di test che consistevano nell'applicare la cintura toracica e toglierla ad intervalli esatti, ad esempio al secondo 0, 15, 30, 45.

Analizzando le misure visualizzate su monitor "in tempo reale" e quelle salvate su file si è constatato che il software Training Monitor 2.2.0 della SUUNTO, utilizzato negli esperimenti, corregge, su file, il ritardo della misura. Più precisamente si è osservato il seguente comportamento:

1) In "tempo reale" sul monitor del computer:
   a. quando il segnale viene disattivato (allontanando l'apparecchio dal torace, punto A) la misura scompare dopo 5 secondi;
   b. quando il segnale viene ripristinato (riportando l'apparecchio a contatto con il torace, punto B) la misura riprende dopo 2 secondi.

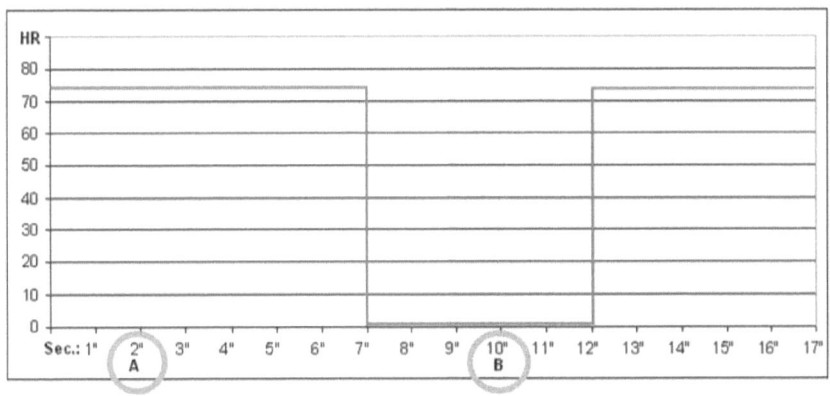

Comportamento della misura presentata a monitor

1) Nel file dati:
   a. quando il segnale viene disattivato (allontanando l'apparecchio dal torace, punto A) l'ultima misura viene mantenuta per 3 secondi;
   b. quando il segnale viene ripristinato (riportando l'apparecchio a contatto con il torace, punto B, evidenziato in verde) la misura riprende istantaneamente.

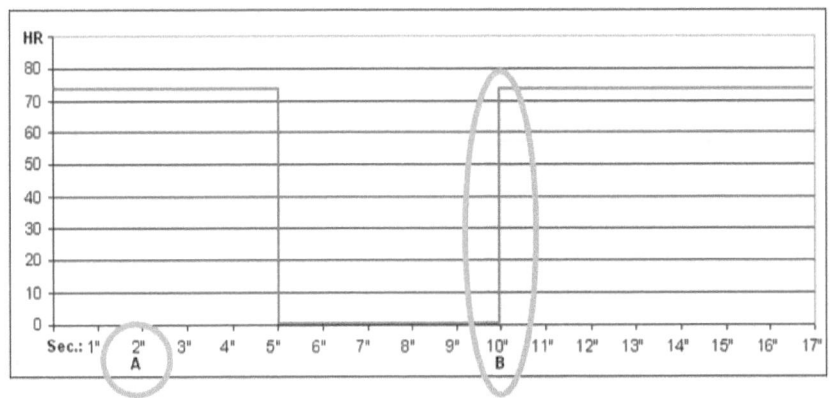

Comportamento della misura registrata su file

Questo controllo mostra che mentre il ritardo della misura presentata in "tempo reale" su monitor è di circa 2 secondi, nel file dati il ritardo viene compensato e il dato è associato al momento esatto della misura (punto B evidenziato in verde).

E' importante notare che in assenza di segnale il cardiofrequenzimetro riporta per 3 secondi l'ultimo valore misurato.

Nel file dati il valore della frequenza cardiaca è associato alla data del clock del computer (anno, mese, giorno, ora, minuto, secondo). I controlli effettuati hanno mostrato che la misura riportata su file si riferisce al secondo in corso. In altre parole, una misura associata alle 14.13'.25'' è stata calcolata considerando il secondo che inizia alle 14.13'.25''.000 e finisce alle 14.13'.25''.999.

La misura fornita dal cardiofrequenzimetro della SUUNTO è espressa in unità, senza decimali. In merito a questo punto è stata contattata la sede centrale di Helsinki della SUUNTO, che ha offerto la massima collaborazione inviando tutta la documentazione software, comprese le librerie .dll. I tecnici della SUUNTO hanno sottolineato che i due parametri, sincronizzazione della misura e precisione della misura, sono tra loro antagonisti. In altre parole più si vuole migliorare la sincronizzazione della misura, più diminuisce la precisione della misura: maggiore la sincronizzazione, minore la precisione della misura. Una misura effettuata a livello di unità di frequenza cardiaca, sincronizzata al millisecondo è da considerarsi eccellente.

Il cardiofrequenzimetro della SUUNTO è stato progettato per il monitoraggio delle attività sportive e può essere utilizzato nelle condizioni più estreme, ad esempio anche sott'acqua. Non richiede l'uso di gel per la conduzione del segnale e il suo utilizzo risulta estremamente semplice. L'unico limite riscontrato è stato nelle stagioni fredde, quando la pelle delle persone è più secca e conduce di meno. Nella condizione di riposo, tipica delle prove sperimentali, si è osservata, in un numero limitato di soggetti, l'impossibilità di rilevare la frequenza cardiaca. Questi soggetti sono stati esclusi dal campione per assenza di dati.

5.4 Scelta degli stimoli

Non appena è stato ricevuto il cardiofrequenzimetro, si è

incominciato a testare la procedura messa a punto da Tressoldi e composta da tre fasi:

1. la prima di *presentazione*, in cui vengono presentate in successione 4 immagini a tutto schermo e durante la quale viene rilevata la frequenza cardiaca;
2. la seconda di *scelta*, in cui le 4 immagini precedentemente presentate vengono mostrate assieme e si chiede al soggetto di operare una scelta, cioè di cercare di indovinare l'immagine scelta successivamente dal computer (target);
3. la terza di *feed-back*, in cui il computer sceglie, utilizzando una procedura random, una delle 4 immagini presentate e la mostra a monitor, a tutto schermo.

A tal fine è stato sviluppato un software specifico per la realizzazione dell'esperimento. Inizialmente si è utilizzando Visual Basic 2005, e successivamente Delphi Pascal. Delphi Pascal consente un maggiore controllo delle singole istruzioni. E' stata dedicata particolare attenzione alla sincronizzazione tra il cardiofrequenzimetro e le immagini presentate al computer, raggiungendo una precisione nell'ordine del millesimo di secondo.

Nel caso di reazione anticipata della frequenza cardiaca si dovrebbe osservare, nella fase di presentazione degli stimoli, una differenza tra le frequenze cardiache rilevate durante la presentazione di stimoli target (quelli che vengono successivamente selezionati dal computer nella fase 3) e di stimoli non target (cioè quelli che non vengono successivamente selezionati dal computer).

I primi test dell'esperimento utilizzavano stimoli in bianco e nero composti da rette collocate orizzontalmente, verticalmente e diagonalmente. L'analisi dei dati non mostrava però alcuna differenza statisticamente significativa tra stimoli target e stimoli non target.

Si è tornati perciò al modello teorico che sottende l'ipotesi sperimentale. Il punto centrale di questo modello è che l'effetto retrocausale dovrebbe essere mediato dalle emozioni e, di conseguenza, al fine di testare l'ipotesi sperimentale, è necessario utilizzare stimoli che suscitano emozioni.

Seguendo questa indicazione si è deciso di utilizzare come stimoli 4 colori elementari: blu, verde, rosso e giallo. Utilizzando questi stimoli, si è osservata subito una forte differenza tra stimoli target e non target all'interno degli stessi colori, mentre a livello globale (cioè considerando l'effetto sui quattro colori presi assieme) non si osservava alcuna differenza. Si è quindi deciso di realizzare gli esperimenti utilizzando questi 4 colori come stimoli.

FASE 1				FASE 2	FASE 3
Presentazione dei colori e misurazione della frequenza cardiaca				*Scelta*	*Selezione Random*
Blu	Verde	Rosso	Giallo	Blu/Verde/Rosso/Giallo	Target: rosso
					Target
4 secondi	*4 secondi*	*4 secondi*	*4 secondi*		*Feedback*

Fasi di un trial sperimentale:
1) *i colori vengono presentati in successione a tutto schermo per 4 secondi esatti ciascuno e la frequenza cardiaca rilevata ad intervalli di 1 secondo;*
2) *il soggetto sceglie un colore cercando di indovinare quello che sarà selezionato dal computer;*
3) *il computer seleziona tramite un procedimento random uno dei 4 colori e lo presenta a tutto schermo.*

E' importante sottolineare che durante la conduzione dell'esperimento sono attivi due software:

1) il primo, per la rilevazione della frequenza cardiaca, è stato realizzato dalla SUUNTO ed è il Training Monitor 2.2.0. Questo programma abbina ad ogni frequenza cardiaca il momento della rilevazione, cioè l'indicazione dell'anno, del mese, del giorno, dell'ora, del minuto e del secondo. Questi dati vengono memorizzati in un file e in una directory creati indipendentemente dal software della SUUNTO.
2) Il secondo, realizzato in Delphi Pascal, per la presentazione degli stimoli e per la conduzione dell'esperimento. Gli stimoli vengono presentati esattamente allo scoccare del secondo, con la precisione del millisecondo, ottenendo in questo modo una sincronizzazione, praticamente perfetta, tra il dato rilevato dal cardiofrequenzimetro

e lo stimolo presentato dal computer. Questo programma memorizza in una directory e in un file diverso da quello creato dal programma della SUUNTO le informazioni relative allo stimolo, alla fase sperimentale, alla scelta del soggetto e del computer. Queste informazioni sono sempre abbinate al momento esatto dell'evento: anno, mese, giorno, ora, minuto, secondo e millisecondo.

Solo successivamente, alla fine dell'esperimento, i due file vengono uniti assieme utilizzando quale elemento comune il momento (la data, l'ora, il minuto ed il secondo) in cui è stato presentato lo stimolo ed in cui è stata rilevata la frequenza cardiaca. In questo file vengono aggiunte, per ogni stimolo, le informazioni relative al fatto se si tratta di uno stimolo target (successivamente scelto dal computer) o di uno stimolo non target (che successivamente, nella fase 3, non viene scelto dal computer).

5.5 Additività degli effetti e tecniche statistiche di analisi dei dati

Il termine analisi della varianza (ANOVA) deriva dal fatto che tale tecnica statistica si basa sulla scomposizione della variabilità totale dei dati in due parti: variabilità sperimentale, dovuta alle variabili introdotte o studiate dal ricercatore, e variabilità accidentale o residua, dovuta a tutte quelle variabili che non è possibile controllare in una ricerca (o che non sono state controllate). Il confronto (rapporto) tra la variabilità sperimentale (anche detta tra i gruppi o between) e la variabilità residua (anche detta entro i gruppi, within o errore) produce un valore, F, la cui distribuzione è nota e dalla quale si ricava la significatività statistica dell'effetto sperimentale.

Vanno sottolineate alcune condizioni necessarie per l'applicabilità dell'analisi della varianza (Ercolani, Areni, Leone, 2002):

1. la prima è l'omoschedasticità, cioè la condizione che le popolazioni da cui si suppone provengano i campioni abbiano la stessa varianza. La necessità di questa condizione è presente anche per il test t di Student. Nel caso dell'Analisi della Varianza una maggiore varianza di una popolazione porterebbe ad una minore

precisione della media relativa, in questo caso la variabilità in gioco non sarebbe più omogenea dando peso diverso, per esempio, alla variabilità sperimentale rispetto a quella residua o viceversa, falsando in questo modo i risultati dell'analisi.

2. La seconda è l'additività degli effetti della variabile sperimentale e delle altre possibili variabili controllate. Se la condizione di additività non è rispettata, in genere la varianza residua o entro i gruppi tende ad essere grande, limitando così la significatività del valore F.

Durante la conduzione dei primi tre esperimenti si è notata una contraddizione nell'analisi dei dati:

3. da una parte, gli effetti erano forti e statisticamente significativi su tutti i colori, quando si effettuava l'analisi all'interno dei singoli soggetti;

4. dall'altra, gli effetti scomparivano o rimanevano solo su alcuni colori, quando l'analisi si effettuava sul complesso dei soggetti.

Prendendo in considerazione le analisi effettuate sul complesso dei soggetti si era inizialmente pensato che l'assenza di effetto su alcuni colori potesse dipendere da caratteristiche specifiche dei colori. Nell'ultimo esperimento è emerso con chiarezza che l'assenza di effetto era dovuto al fatto che l'effetto non è additivo e che, per una corretta analisi dei dati, è necessario l'uso di tecniche che non richiedano l'additività degli effetti (ad esempio il Chi Quadrato), mente è improprio l'uso di tutte quelle tecniche che richiedono l'additività degli effetti (ad esempio le medie, la t di Student e l'ANOVA).

Ogni singolo soggetto presenta infatti un pattern caratteristico nella reazione della frequenza cardiaca. Ad esempio, alcuni soggetti mostrano un aumento della frequenza cardiaca di fronte al colore blu, quando target, e una diminuzione di fronte al colore verde, quando non target, altri soggetti mostrano un pattern esattamente opposto.

Effettuando l'analisi dei dati all'interno dei singoli soggetti, l'effetto risulta in genere fortemente significativo su tutti i colori. Quando, però, l'analisi globale viene effettuata tramite l'uso di medie, t di Student e ANOVA, i dati vengono sommati assieme e gli effetti in direzione opposta si annullano portando così a dichiarare l'assenza di effetto. Fortunatamente, su alcuni colori, il campione non era perfettamente bilanciato tra soggetti con effetti opposti e ciò ha consentito di osservare l'effetto, nelle analisi effettuate sul complesso dei soggetti, anche se solo su alcuni colori.

Pensando che potessero esistere caratteristiche specifiche dei colori che portavano all'emersione dell'effetto, sono stati effettuati una serie di controlli modificando la sequenza di apparizione dei colori e scoprendo così che l'effetto appariva su tutti i colori.

Solo con il quarto esperimento, in cui l'analisi è stata condotta utilizzando il test del Chi Quadrato, si è scoperto che l'effetto si osserva sempre su tutti i colori e che l'assenza di effetto, per alcuni colori, era dovuto alla mancata soddisfazione della condizione dell'additività degli effetti che è necessaria per condurre correttamente l'analisi dei dati per mezzo dell'ANOVA, della t di Student e del confronto tra medie.

L'ANOVA e la t di Student utilizzano infatti le operazioni di somma e di sottrazione direttamente sulle misure delle variabili dipendenti e, di conseguenza, richiedono che queste misure, cioè gli effetti, siano additivi (tutti nella stessa direzione). Quando l'effetto non è direzionale, l'ANOVA e la t di Student portano a commettere errori di secondo tipo, cioè ad affermare che l'effetto non esiste quando, invece, questo esiste.

Queste tecniche sono particolarmente vulnerabili anche ad errori di primo tipo: accetta l'ipotesi quando questa è falsa. Errori di primo tipo capitano quando un singolo dato, incidentalmente fuori scala, può portare ad una falsa significatività statistica.

Al contrario, la tecnica del Chi Quadrato, in quanto opera sulle frequenze e non somma i valori, è insensibile ai valori fuori scala.

L'ultimo esperimento mostra chiaramente che la tecnica del Chi Quadrato consente di vedere più di quanto si possa osservare con la t di Student e l'ANOVA e di ridurre il rischio di commettere errori di primo e di secondo tipo.

Spesso nel campo della psicologia e delle neuroscienze gli effetti non sono direzionali e l'uso dell'ANOVA è quindi improprio. Risulta perciò difficile comprendere come mai in queste discipline l'ANOVA sia oggi, praticamente, l'unica tecnica utilizzata per effettuare analisi statistiche dei dati.

In merito il famoso "psico-statistico" Raymond B. Cattell, noto al mondo della psicologia per le tecniche di analisi fattoriale che sottendono la costruzione dei test, nell'introduzione al suo libro "*L'uso scientifico dell'analisi fattoriale nelle scienze del comportamento e della vita*" (Cattell, 1976) sottolinea che l'analisi della varianza era nata per rispondere alle esigenze dei farmers americani e che mentre le condizioni dell'additività e dell'omoschedasticità si riescono a soddisfare nell'ambito della sperimentazione animale, quasi mai si riescono a soddisfare quando si utilizzano, quali soggetti sperimentali, gli esseri umani.

Nel campo animale, infatti, è possibile costruire campioni omogenei, controllando perfettamente la varianza. Ad esempio, nella sperimentazione animale è possibile utilizzare animali dello stesso peso e simili per tutta una serie di altre caratteristiche. In altre parole, è facile rendere omogenei i gruppi e soddisfare in questo modo la condizione dell'omoschedasticità. Inoltre, le variabili dipendenti, sulle quali si studiano gli effetti sono in genere direzionali. Invece, nel campo della psicologia è difficile costruire campioni effettivamente omogenei e spesso si studiano effetti che per loro natura non sono direzionali e quindi non soddisfano la condizione dell'additività.

Storicamente l'analisi della varianza sembra essersi diffusa in quanto:

1. rispetto al Chi Quadro consentiva calcoli veloci, anche quando effettuati manualmente. Non era quindi necessario l'uso del computer, che prima degli anni '80 era praticamente inaccessibile alla maggioranza dei ricercatori.
2. La ricerca sperimentale in psicologia ha fatto uso, inizialmente, di sperimentazione animale. In questo ambito è possibile utilizzare

correttamente l'analisi della varianza in quanto è possibile controllare adeguatamente la varianza delle popolazioni e gli effetti studiati sono in genere direzionali e additivi.

6

REAZIONI PRESTIMOLO
DELLA FREQUENZA CARDIACA
L'EFFETTO RETROCAUSALE

In questo capitolo vengono presentati 3 esperimenti. Si tratta di esperimenti nei quali, di volta in volta, vengono modificare alcune condizioni al fine di comprendere in modo più approfondito l'effetto osservato. Come è stato descritto nel capitolo precedente, dopo aver individuato un cardiofrequenzimetro che consentisse di effettuare una perfetta sincronizzazione tra le misure rilevate e la presentazione delle immagine sul monitor del computer, si è iniziato a sperimentare il comportamento di stimoli di natura diversa, giungendo alla constatazione dell'efficacia, in questo tipo di esperimento, dei colori.

Il primo esperimento presenta sempre la stessa sequenza di colori: blu, verde, rosso, giallo. Il soggetto cerca di indovinare il colore che il computer sceglierà in modo totalmente random. L'ipotesi è che, in presenza di retrocausalità, si debba osservare, nella fase di presentazione degli stimoli, una differenza significativa tra le frequenze cardiache rilevate durante la presentazione di stimoli target (quelli che vengono successivamente scelti dal computer) e di stimoli non target (cioè quelli che non vengono successivamente scelti dal computer). Questo primo esperimento ha coinvolto 24 soggetti e i risultati sono stati estremamente significativi sia da un punto di vista statistico come da un punto di vista quantitativo.

Nel primo esperimento l'effetto si osservava principalmente sui colori blu e verde. Nel secondo esperimento (che ha coinvolto 23 soggetti) si è voluto rispondere ad una serie di domande:

1) l'effetto retrocausale si osserva solo sui colori blu e verde?
2) L'effetto retrocausale si osserva solo sui colori?
3) L'effetto retrocausale si osserva solo quando il computer visualizza il feedback?

I risultati hanno mostrato che l'effetto si osserva anche sul rosso e sul giallo in modo differente a seconda della posizione nella quale sono collocati i colori nella fase 1; l'effetto si osserva anche quando si utilizzano i numeri (in questo esperimento i numeri da 1 a 4) al posto dei colori; l'effetto non si osserva quando il computer non presenta il feedback; l'effetto risulta essere più forte quando lo stimolo è prossimo al feedback del computer.

Nel secondo esperimento il controllo sul feedback veniva effettuato togliendo il feedback ogni 5 trial. Questa regolarità poteva costituire un artefatto. Si è perciò effettuato un ulteriore esperimento in cui il feedback veniva tolto in modo impredicibile, random. I risultati hanno mostrato che in presenza di feedback la differenza in presenza di colori target e non target è forte e significativa, mentre in assenza di feedback la differenza si annulla. Questo risultato esclude la possibilità che la differenza tra target e non target possa dipendere da cause antecedenti la scelta operata dal computer.

6.1 *Esperimento* 1

Al fine di testare l'ipotesi circa l'esistenza di effetti retrocausali, la condizione è quella di utilizzare sequenze impredicibili di stimoli, cioè sequenze casuali pure, che nessun processo cognitivo può per definizione essere in grado di predire, e studiare se queste sequenze si correlano con le misure neurofisiologiche effettuate in precedenza.

6.1.1 *Procedura*

Ogni trial dell'esperimento è composto da 3 fasi:

1) Fase di presentazione: vengono presentati in sequenza, sul monitor del computer, 4 colori a tutto schermo. La prima schermata è di colore blu, la seconda di colore verde, la terza di colore rosso e l'ultima di colore giallo. Ogni colore viene presentato per 4 secondi. Il soggetto deve semplicemente guardare i colori e, durante la loro presentazione, la sua frequenza cardiaca

viene rilevata ad intervalli fissi di 1 secondo. Per ogni colore si hanno così 4 rilevazioni: una per ogni secondo. E' importante sottolineare che la presentazione dei colori viene sincronizzata al millesimo di secondo con la rilevazione della frequenza cardiaca. Questa sincronizzazione si effettua facendo precedere l'inizio della sequenza, quando necessario, da una schermata bianca, per il tempo strettamente necessario al fine di realizzare la sincronizzazione. Ogni immagine viene, in questo modo, presentata esattamente allo scoccare del secondo.

2) Fase di scelta: alla fine della presentazione dei 4 colori viene presentata un'unica immagine formata da 4 barre colorate (blu, verde, rosso e giallo) al centro delle quali è presente un pulsante. Il soggetto deve cliccare il pulsante corrispondente al colore che ritiene sarà successivamente scelto dal computer. Si chiede cioè al soggetto di indovinare il target, il colore che verrà successivamente selezionato dal computer. Come spiegato nel capitolo precedente, questa seconda fase è stata inserita per far sì che la selezione pseudo-random del computer si trasformasse in una seleziona casuale pura.

3) Fase di selezione e presentazione del target: non appena il soggetto ha effettuato la propria scelta, il computer effettua la selezione del target grazie ad una procedura random (di selezione casuale) alla fine della quale visualizza il colore selezionato, a tutto schermo, sul monitor del computer (Feedback).

L'esperimento è composto da 20 trial e si svolge in circa 7 minuti. Ad ogni soggetto è stato richiesto di ripetere per tre volte l'esperimento.

6.1.2 Ipotesi

Per target si intende il colore selezionato dal computer nella fase 3. L'ipotesi è che, in presenza di retrocausalità, si debba osservare nella fase 1, di presentazione dei colori, una differenza significativa tra le frequenze cardiache rilevate durante la presentazione di stimoli target (quelli che vengono selezionati e presentati dal computer nella fase 3) e di stimoli non target (quelli che non vengono selezionati dal computer nella fase 3).

6.1.3 *Il campione*

L'esperimento è stato condotto su un campione di 24 soggetti con età compresa tra i 15 ed i 75 anni, 14 femmine e 10 maschi. La sequenza sperimentale veniva presentata ad ogni soggetto 3 volte, per una durata complessiva dell'esperimento di poco più di 20 minuti. La frequenza cardiaca associata alle 4 immagini (4 colori) veniva rilevata 960 volte per ogni soggetto, fornendo in questo modo un campione di frequenze cardiache adatto al calcolo della significatività statistica all'interno anche dei singoli soggetti.

6.1.4 *Risultati*

Prendendo in esame tutte le frequenze cardiache rilevate si osserva che la frequenza cardiaca associata ai target (valore medio 80,94) e quella associata ai non target (valore medio 80,97) non si differenziano in modo significativo. Tuttavia, non appena si effettua l'analisi all'interno dei singoli colori, si osservano forti differenze della frequenza cardiaca per i colori blu (target 81,99 e non target 79,84) e verde (target 79,60 e non target 81,45), differenza che per il blu corrisponde ad un valore della t di Student pari a 10,74, mentre per il verde ad un valore di 8,81. Un valore della t di Student pari a 3,291 è significativo allo 0,001, ciò indica che esiste meno di una probabilità su 1.000 di sbagliare quando si afferma che la differenza (in questo caso tra target e non target) non è dovuta al caso; un valore della t di Student di 8,81 porta la probabilità di sbagliare a diventare praticamente nulla e consente perciò di affermare, quasi con assoluta certezza, l'esistenza di una differenza tra target e non target non dovuta al caso.

E' stata effettuata una seconda analisi dei dati utilizzando il test del Chi Quadrato. La significatività statistica della differenza tra target e non target è stata calcolata confrontando il numero di misurazioni che erano superiori o inferiori alla baseline del singolo colore. Anche in questo caso si è osservata una forte significatività statistica, con valori del Chi Quadrato superiori a 30 (p<0,0000001).

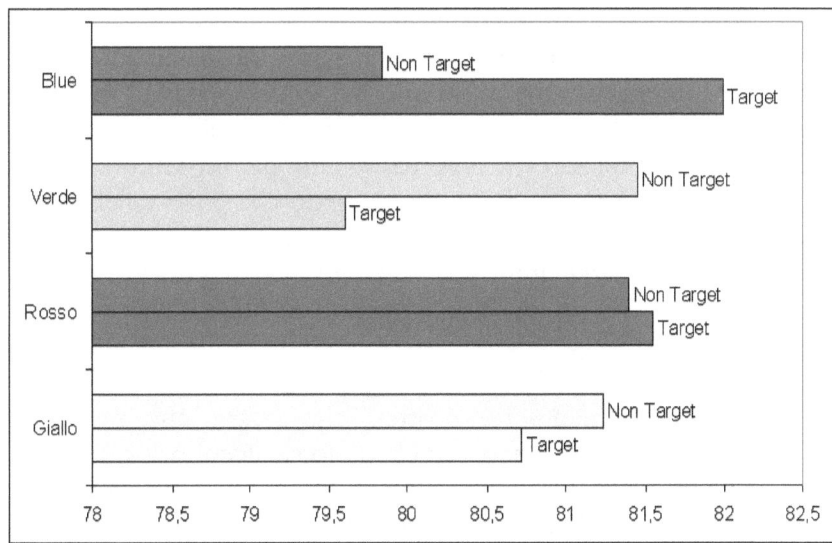

Frequenza cardiaca per colore e target

Nel complesso, i soggetti hanno indovinato il target nel 26,8% dei casi, valore che non si discostava in modo statisticamente significativo da quello atteso per effetto del caso: 25%.

6.1.5 Discussione

La maggioranza dei soggetti conferma la tendenza verso l'aumento della frequenza cardiaca nei target di colore blu e la sua diminuzione nei target di colore verde, due soggetti hanno però presentato risultati estremamente significativi ma esattamente opposti e alcuni soggetti hanno mostrato risultati con configurazioni diverse, sempre significative effettuando l'analisi dei dati all'interno del singolo soggetto. Calcolando valori medi o utilizzando la t di Student, in cui i valori vengono sempre sommati, effetti significativi ma opposti si cancellano tra di loro diminuendo così l'effetto generale osservato.

Nel momento in cui si ipotizza l'esistenza di un effetto, ma non si può formulare alcuna ipotesi sulla sua direzionalità, che può manifestarsi diversamente nei singoli soggetti, gli effetti possono sottrarsi tra loro, invece di sommarsi, portando a commettere errori di secondo tipo, cioè di non vedere un effetto quando questo esiste.

Ad esempio, nei colori rosso e giallo si osservano effetti statisticamente significativi all'interno dei singoli soggetti, ma tra di loro divergenti, l'effetto non emerge perciò nell'analisi statistica effettuata sul complesso dei soggetti. In altre parole, sembra esistere un'impronta caratteristica di ciascun soggetto che porta a l'effetto ad orientarsi in una determinata direzione su determinati colori piuttosto che su altri. Questa impronta caratteristica sembra mantenersi costante, all'interno di ciascun soggetto, dall'inizio alla fine delle prove sperimentali.

Il quarto esperimento ha mostrato che il fatto che, nell'analisi complessiva dei dati, non si osservi l'effetto su alcuni colori è dovuto ad un artefatto statistico, cioè all'uso di tecniche che richiedono l'additività degli effetti. Utilizzando tecniche diverse, come ad esempio il Chi Quadrato, l'effetto emerge su tutti i colori.

6.1.6 Controllo degli artefatti

Gli artefatti sono in genere errori sistematici che portano ad osservare effetti che nei fatti non esistono. In tutte le discipline scientifiche è facile incorrere in essi. A volte gli artefatti vengono utilizzati intenzionalmente dallo sperimentatore al fine di ottenere i risultati desiderati; altre volte si tratta di semplici errori nel disegno sperimentale, nel campionamento, nella misura, nelle analisi statistiche o in altri punti del processo di ricerca.

In particolare:

1) Gli errori dovuti al disegno sperimentale sono in genere riconducibili a variabili intervenienti che non vengono controllate. Ad esempio, se nel gruppo sperimentale il trattamento avviene tramite la somministrazione di una sostanza (ad esempio nella forma di uno sciroppo, una pillola o altro) mentre nel gruppo di controllo non viene somministrata alcuna sostanza (nella forma di sciroppo, pillola o altro) alla fine dell'esperimento non sapremo se l'effetto osservato è dovuto alla somministrazione del trattamento

o all'effetto "placebo" dovuto alla somministrazione di una sostanza.

2) Gli errori dovuti al campionamento originano da una distribuzione non equa delle variabili intervenienti tra i gruppi. Gli esperimenti si basano in genere sul confronto tra gruppi, ad esempio coloro che hanno ricevuto il farmaco confrontati con coloro che hanno ricevuto il placebo. I gruppi vengono randomizzati al fine di equidistribuire le possibili variabili intervenienti nei due gruppi. Tuttavia, affinché il processo di randomizzazione possa essere efficace è necessario disporre di un campione numeroso. Spesso ciò non accade, si lavora su piccoli campioni, e le variabili intervenienti, come ad esempio l'istruzione e il ceto sociale, sono sbilanciate: più presenti in un gruppo e meno nell'altro. Quando ciò accade, le differenze che si osservano tra i gruppi possono essere erroneamente attribuite al trattamento, mentre sono solo la conseguenza di una diversa distribuzione delle variabili intervenienti tra i gruppi.

3) Gli errori dovuti alla misura si generano quando le misure vengono effettuate in condizioni sistematicamente diverse tra i gruppi. In tale caso gli effetti osservati sono la conseguenza delle diverse condizioni di misura e non del trattamento in sé. In questo caso si parla di errori sistematici di misura.

4) Gli errori che si possono compiere in fase di analisi dei dati sono molti. Ad esempio, le tecniche utilizzate potrebbero essere eccessivamente sensibili ai "valori estremi" e le differenze osservate potrebbero essere la conseguenza di singoli valori estremi e non dell'effetto del trattamento; inoltre, i dati utilizzati possono non soddisfare i requisiti metodologici richiesti dalle tecniche statistiche: come si vedrà nel quarto esperimento ciò accade di frequente quando si utilizzano tecniche parametriche per l'applicazione delle quali è necessaria la distribuzione normale dei dati e, in particolare per l'ANOVA, l'additività degli effetti.

5) A volte i dati e i risultati vengono intenzionalmente manipolati dagli sperimentatori al fine di ottenere i risultati desiderati.

Nel presente lavoro il controllo degli artefatti appena descritti è stato effettuato nel seguente modo.

1) Disegno sperimentale. L'unico elemento che differenzia uno

stimolo target da uno stimolo non target (fase 1 dell'esperimento) è il fatto che lo stimolo venga selezionato (target) o meno (non target) dal computer nella fase 3 dell'esperimento stesso. Per il resto, le condizioni di somministrazione degli stimoli target e quelle degli stimoli non target sono identiche. Si può quindi affermare che l'effetto osservato non può essere attribuito ad alcuna altra possibile variabile interveniente, in quanto non esistono altre variabili che vengono associate sistematicamente alla condizione "target" o "non target".

2) Campionamento. A differenza di un esperimento in cui sono presenti due gruppi distinti di soggetti (il gruppo sperimentale e il gruppo di controllo), in questo esperimento la distinzione tra stimoli target e stimoli non target avviene all'interno dello stesso gruppo di soggetti. Questo disegno sperimentale non richiede, di conseguenza, la randomizzazione del campione. Le misure, infatti, non possono in alcun modo essere tra loro diverse a causa di differenze tra i due sotto-campioni (target e non target) a causa di differenze nei due campioni, in quanto il campione utilizzato è il medesimo.

3) Errori sistematici di misura. La misura della frequenza cardiaca avviene nello stesso identico modo alla presentazione di immagini target e non target. Non esistono variabili aggiuntive che si associano alla misura dei target o alla misura dei non target. Di conseguenza, non possono esistere errori di misura che in modo sistematico si vanno ad associare agli stimoli target o agli stimoli non target.

4) Analisi statistica dei dati. L'analisi statistica dei dati è un territorio sempre molto rischioso, nel quale spesso si celano insidie delle quali non sempre si riesce ad essere pienamente consapevoli. Nella seconda parte di questo lavoro, le analisi sono state realizzate utilizzando tecniche statistiche di tipo non parametrico, in quanto, come si vedrà, non esistono i presupposti che legittimano l'uso delle tecniche statistiche parametriche, in modo particolare dell'ANOVA. Gli artefatti statistici sono frequenti nell'ambito delle tecniche parametriche di analisi statistica; queste tecniche possono portare ad osservare effetti laddove non esistono (errore di primo tipo) o a non osservare effetti laddove invece gli effetti esistono (errore di secondo tipo). Ciò accade in quanto queste tecniche sono eccessivamente sensibili ai valori estremi, nel senso

che basta un valore anomalo per creare degli effetti che non esistono. Oppure, gli effetti non sono direzionali, in altre parole gli effetti osservati sui singoli soggetti possono essere tra loro opposti e invece di sommarsi tra di loro si sottraggono annullando in questo modo l'effetto complessivo. Nella presente ricerca questi ed altri rischi verranno affrontati introducendo l'uso di tecniche non parametriche di analisi dei dati basate sul confronto tra distribuzioni di frequenze. Inoltre, al fine di valutare la validità delle tecniche statistiche utilizzate sono stati inseriti nell'analisi dei dati una serie di target non correlati (generati casualmente dal computer, ma non mostrati al soggetto sperimentale). Nelle analisi, questi target non portavano a differenze statisticamente significative tra frequenze cardiache. Questo controllo ha eliminato il dubbio che le significatività statistiche osservate potessero essere il frutto del caso.

5) Manipolazione intenzionale dei dati e dei risultati da parte degli sperimentatori. Spesso, pur di partecipare ad un convegno, gli sperimentatori modificano i valori medi al fine di far emergere differenze ed effetti che nei dati non si osservano. Raramente si ha tempo, modo e risorse per replicare gli esperimenti. Gli esperimenti descritti in queste pagine sono facili da replicare e il cardiofrequenzimetro è facile da reperire. Il dubbio della manipolazione dei dati si supera unicamente quando l'esperimento viene replicato da altri. E' comunque importante ricordare che risultati analoghi sono già stati prodotti da innumerevoli studi indipendenti, a partire da quelli di Tressoldi e Bierman.

In merito agli errori di misura è importante ricordare che il cardiofrequenzimetro della SUUNTO ha un range di misura che va da 30 battiti al minuto fino a 230 battiti al minuto con un errore di ±0,5 battiti. Una delle leggi fondamentali della statistica è che gli errori di misura si distribuiscono in modo causale, secondo una curva normale (gaussiana), al di sopra e al di sotto del valore reale, con media pari a zero. Come conseguenza di questa caratteristica della distribuzione degli errori di misura, viene formulata la legge della distribuzione campionaria delle medie in base alla quale "*la media delle medie dei campioni coincide con la media della popolazione dalla quale i campioni sono stati estratti*". In altre parole, mentre la singola misura del cardiofrequenzimetro presenta un errore di ±0,5 battiti al minuto, calcolando le medie l'errore diminuisce e il valore medio che si ottiene tende a coincidere sempre più con il valore medio reale, in quanto gli errori di misura si compensano tra di loro, annullandosi. In merito a questo punto, negli esperimenti qui condotti, la numerosità delle frequenze cardiache è tale da consentire di considerare significativi valori fino al quarto decimale. Ad ogni modo, nell'ultimo esperimento i dati vengono analizzati utilizzando tecniche di statistica non parametrica (Chi Quadrato e test esatto di Fisher) che non richiedono una particolare precisione delle misure. Come si vedrà queste tecniche portano ad osservare effetti estremamente significativi ovviando a tutte le critiche sulla precisione dello strumento che è naturale avanzare nel momento in cui si effettuano confronti tra medie o tra varianze.

Inoltre, la lettura dei dati mostra che l'apprezzamento delle frequenze cardiache, al passaggio da stimoli target e non target, è spesso notevole (con variazioni anche superiori ai 10 battiti), fatto che fa venir meno qualsiasi richiesta in merito ad una precisione dello strumento di misura nell'ordine dei centesimi di battito.

E' importante ricordare che, in genere, il problema dello strumento di misura nasce nel momento in cui non si osservano risultati statisticamente significativi e si ipotizza che tale assenza di risultati possa dipendere dalla inattendibilità delle misure. Negli esperimenti qui riportati si osservano invece risultati fortemente significativi da un punto di vista statistico e quantitativo che si ripetono ad ogni replica dell'esperimento. L'eventualità, avanzata più volte come critica allo strumento, che le differenze nella misura delle frequenze cardiache possano essere prodotte dallo strumento che associa in modo sistematico misure diverse a scelte impredicibili che il computer effettuerà nella fase 3, sarebbe ancora più sconvolgente dell'effetto retrocausale che si osserva negli esperimenti, in quanto implicherebbe che lo strumento, da solo, sia in grado di predire il futuro.

6.2 Esperimento 2

Il secondo esperimento nasce dall'esigenza di rispondere a 3 domande:

1) l'effetto retrocausale si osserva solo sui colori blu e verde?
2) L'effetto retrocausale si osserva solo sui colori?
3) L'effetto retrocausale si osserva solo quando il computer visualizza il feedback?

A tal fine di rispondere alle domande appena elencate l'esperimento è organizzato in base a 5 trial:

1) In tre trial la sequenza dei colori viene variata, al fine di rispondere alla domanda 1, cioè se l'effetto si osserva solo sui colori blu e verde.
2) Nel quarto trial il feedback non viene visualizzato, al fine di rispondere alla domanda 3, cioè se l'effetto retrocausale si osserva solo quando il computer visualizza il feedback.
3) Nel quinto trial al posto dei colori vengono utilizzati i numeri, al fine di rispondere alla domanda 2, cioè se l'effetto si osserva solo sui colori.

L'effetto viene di nuovo valutato come differenze nelle frequenze cardiache misurate nella fase 1, tra stimoli target e non target, cioè tra stimoli che saranno successivamente selezionati secondo una procedura random impredicibile nella fase 3 dell'esperimento.

6.2.1 Ipotesi

In base ai modelli della coscienza di Fantappiè e di King le ipotesi sono le seguenti:

1) Ci si aspetta di osservare l'effetto retrocausale in tutti i trial in cui viene presentato il feedback, quindi ad eccezione del quarto trial nel quale il feedback non viene presentato.
2) Ci si aspetta di osservare l'effetto retrocausale su tutti i colori. L'ipotesi è infatti che l'effetto retrocausale venga veicolato dalle

emozioni e si ipotizza che tutti i colori, e anche stimoli diversi dai colori come i numeri, possano veicolare emozioni.

3) L'ipotesi retrocausale si basa sull'ipotesi di onde anticipate che si muovono a ritroso: dal futuro verso il passato. Ci si aspetta quindi di osservare un effetto maggiore sugli stimoli della fase 1 più vicini alla presentazione del feedback che, secondo questa ipotesi, è considerata la causa dell'effetto.

6.2.2 Procedura

L'esperimento è composto da 5 trial, ognuno con una diversa sequenza di presentazione degli stimoli:

1) nel primo trial vengono presentati in successione, per 4 secondi, i colori blu, verde, rosso e giallo; il computer presenta poi tutti i colori in una schermata unica e aspetta la scelta operata dal soggetto; successivamente a tale scelta, seleziona lo stimolo target attraverso un algoritmo random e lo mostra a tutto schermo. Viene quindi presentato un tasto per avviare il trial successivo. In tale tasto viene indicato il numero di volte in cui il soggetto ha indovinato.

2) nel secondo trial vengono presentati in successione, per 4 secondi, i colori giallo, rosso, verde e blu; il computer presenta poi tutti i colori in una schermata unica e aspetta la scelta operata dal soggetto; successivamente a tale scelta, seleziona lo stimolo target attraverso un algoritmo random e lo mostra a tutto schermo. Viene quindi presentato un tasto per avviare il trial successivo. In tale tasto viene indicato il numero di volte in cui il soggetto ha indovinato.

3) nel terzo trial vengono presentati in successione, per 4 secondi, i colori rosso, giallo, blu e verde; il computer presenta poi tutti i colori in una schermata unica e aspetta la scelta operata dal soggetto; successivamente a tale scelta, seleziona lo stimolo target attraverso un algoritmo random e lo mostra a tutto schermo. Viene quindi presentato un tasto per avviare il trial successivo. In tale tasto viene indicato il numero di volte in cui il soggetto ha indovinato.

4) nel quarto trial vengono presentati in successione, per 4 secondi, i

colori blu, verde, rosso e giallo; il computer presenta poi tutti i colori in una schermata unica e aspetta la scelta operata dal soggetto; successivamente a tale scelta, seleziona lo stimolo target attraverso un algoritmo random, ma questa volta non lo mostra al soggetto. Viene quindi presentato un tasto per avviare il trial successivo. In tale tasto viene indicato il numero di volte in cui il soggetto ha indovinato.

5) nel quinto ed ultimo trial vengono presentati in successione, per 4 secondi, i numeri 1, 2, 3 e 4; il computer presenta poi tutti i numeri in una schermata unica e aspetta la scelta operata dal soggetto; successivamente a tale scelta, seleziona lo stimolo target attraverso un algoritmo random e lo mostra a tutto schermo. Viene quindi presentato un tasto per avviare il trial successivo. In tale tasto viene indicato il numero di volte in cui il soggetto ha indovinato.

La sequenza dei 5 trial viene ripetuta per 20 venti volte, raggiungendo così i 100 trial per ciascun soggetto, per una durata complessiva dell'esperimento di circa 45 minuti.

La frequenza cardiaca viene rilevata durante tutto l'esperimento ad intervalli esatti di 1 secondo.

6.2.3 Campione

Il campione è composto da 23 soggetti, 14 femmine e 9 maschi, in età compresa tra i 16 ed i 61 anni. Nell'analisi dei dati è stata presa in considerazione unicamente la frequenza cardiaca intermedia. In tutto 400 frequenze cardiache per ogni soggetto. L'n su cui si effettua l'elaborazione dei dati è quindi 400 x 23 = 9.200.

6.2.4 Risultati

La differenza tra le frequenze cardiache rilevate durante la presentazione di uno stimolo target e uno stimolo non target è riportata nelle prossime tabelle utilizzando il test statistico della t di Student. Questo test raggiunge i seguenti valori di significatività del

5%, quando il valore è uguale o supera 1,96, dell'1%, quando il valore è uguale o supera 2,576 e dell'1/1000, quando il valore è uguale o supera 3,291.

Di seguito si osserva una forte significatività statistica per i target collocati nell'ultima posizione, cioè appena precedente la "causa" dell'effetto osservato, cioè lo stimolo scelto e visualizzato dal computer (target). In questo caso la frequenza cardiaca aumenta da una media di 78,78, osservata per i non target, ad una media di 80,37, osservata per i target. Nella penultima posizione la frequenza cardiaca diminuisce da una media di 79,50 osservata per i non target, ad una media di 78,76 osservata per i target.

Differenza tra target e non target associata alla posizione (primi 3 trial)	
1°	-
2°	-
3°	-2,952
4°	6,445

Il colore rosso indica un p<0,001, l'arancione un p<0,01

La significatività statistica di p<0,001 è indicata con il colore rosso, quella di p<0,01 con il colore arancione, il colore grigio indica assenza di significatività statistica.

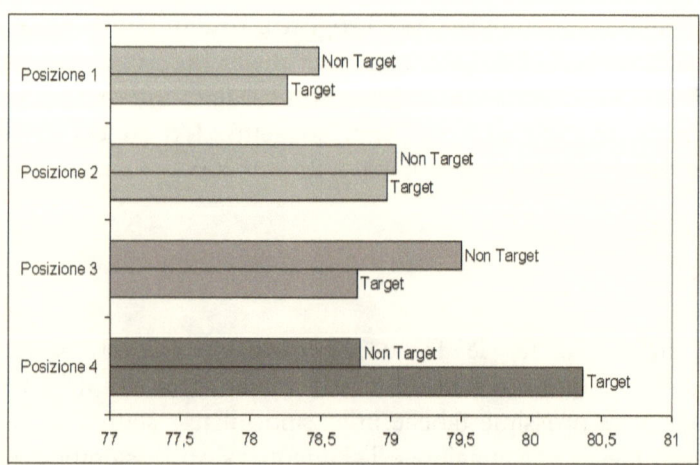

Differenza dei valori medi delle frequenze cardiache target/non target (fase 1) per posizione

Questo primo dato sottolinea che esiste uno sbilanciamento degli effetti a seconda della posizione di presentazione: nella quarta posizione prevalgono effetti di aumento della frequenza cardiaca, nella terza posizione di diminuzione, mentre nella seconda e nella prima posizione gli effetti tendono a bilanciarsi.

Come emerso già nel primo esperimento, l'effetto dei colori all'interno dello stesso trial tende a bilanciarsi: infatti, vi sono colori nei quali la frequenza cardiaca associata ai target aumenta, altri in cui diminuisce. Nella tabella si osserva che l'effetto dei colori sembra modularsi a seconda della posizione nella quale essi vengono presentati.

Durante la presentazione dei risultati del primo esperimento è stato suggerito che l'effetto anticipatorio osservato nel primo esperimento possa dipendere dal fatto che l'emozione provata dal soggetto durante la presentazione del colore interagisca, in qualche modo, con l'elettronica del computer, andando così a determinare il colore che il computer andrà poi ad estrarre. Se questa ipotesi fosse corretta, l'effetto di anticipazione si dovrebbe osservare anche quando il computer effettua la selezione del target senza poi visualizzarlo a monitor.

E' importante sottolineare che, mentre nei primi tre trial il computer mostra a tutto schermo il target selezionato (feedback), nel quarto trial il computer opera la selezione del target, ma non lo visualizza a monitor (schermata grigia).

	Trial con i colori			
	1	2	3	4
Blu	-	4,746	-3,455	-
Verde	-	-	2,839	-
Rosso	-6,649	-	-	-
Giallo	5,623	-3,894	-	-

Differenze tra frequenze cardiache di fronte a immagini target e non target nella fase 1, per colore e tipo di trial. Il valore riportato è quello della t di Student

La tabella mostra che mentre nel primo trial l'effetto si osserva sul rosso e sul giallo, nel secondo trial sul blu e sul giallo, nel terzo sul blu e sul verde, nel quarto trial non si osserva alcun effetto. L'assenza di significatività nel quarto trial porta ad escludere, da un punto di vista logico, che l'effetto possa dipendere da fattori antecedenti. Rimane perciò valida l'ipotesi dell'effetto anticipato.

E' interessante notare che nel primo trial di questo esperimento, che è identico al trial utilizzato nel primo esperimento, i risultati significativi sono associati ai colori rosso e giallo e non ai colori blu e verde, come invece era avvenuto nel primo esperimento. Già nel primo esperimento si era notato che gli effetti che si osservano all'interno dei singoli soggetti e che sono fortemente significativi da un punto di vista statistico, spesso hanno direzioni opposte tra i vari soggetti. Quindi, quando vengono sommati tra di loro tendono ad annullarsi o prevale unicamente quella configurazione che è maggioritaria nel campione utilizzato. Questa considerazione fa intuire quanto sia fuorviante, in questo tipo di esperimenti, utilizzare tecniche statistiche basate sulla somma dei valori, come le medie, la t di Student e l'ANOVA. Per ovviare a queste difficoltà nell'ultimo esperimento, l'analisi dei dati sarà effettuata utilizzando tecniche statistiche che si basano sullo studio delle distribuzioni di frequenza (Chi Quadrato e test esatto di Fisher).

Il quinto trial, nel quale venivano utilizzati i numeri, mostra un effetto fortemente significativo (t di Student -5,7) unicamente per i target associati all'ultima posizione (la numero 4). Questo dato avvalora ulteriormente l'ipotesi secondo la quale l'effetto è maggiore quanto più ci si trova in prossimità della causa.

In questo esperimento, sono stati aggiunti una serie di controlli al fine di valutare se l'effetto osservato possa dipendere da artefatti statistici. Ad esempio:

1. sono stati inseriti target non correlati; il computer, per ogni trial, ha selezionato nuovamente il target in modo casuale. Ovviamente si tratta di colori che non sono stati mostrati al soggetto. L'analisi dei dati evidenzia che in queste selezioni dei target, fatte successivamente alla conduzione dell'esperimento e in modo causale, non emerge alcuna correlazione tra target e differenza nelle frequenze cardiache del soggetto.
2. E' stato effettuato il controllo della distribuzione piatta. Si tratta

di un controllo che consente di verificare se la sequenza dei numeri random utilizzata è veramente random. Infatti, poiché in una distribuzione casuale tutti i numeri hanno la stessa probabilità di essere estratti, nel tempo ogni stimolo dovrebbe presentare una distribuzione di frequenza che non si discosti significativamente da quella di ogni altro stimolo della serie. In questo esperimento lo stimolo blu è stato selezionato dal computer 547 volte, quello verde 591, il rosso 563 e il giallo 599. Tale distribuzione risponde alle aspettative di una distribuzione piatta e quindi di una procedura di estrazione perfettamente casuale.

6.2.5 Discussione

In sintesi i risultati di questo esperimento hanno mostrato:

1) forti differenze nelle frequenze cardiache tra stimoli target e non target nella fase 1 dell'esperimento (effetto retrocausale) quando vengono utilizzati i numeri e in associazione ai colori rosso e giallo che non erano emersi come significativi nel primo esperimento. Questo risultato mostra che l'effetto retrocausale può essere veicolato da tutti i colori considerati in questo esperimento e da stimoli diversi, come in questo caso i numeri.
2) l'assenza dell'effetto "retrocausale" quando manca il feedback nel quarto trial. Il feedback del computer, la visualizzazione del colore scelto dal computer, si dimostra perciò essere la causa dell'effetto retrocausale.
3) la presenza di effetti più marcati nel momento in cui la misura viene effettuata alla fine della prima fase, cioè in prossimità del target presentato dal computer (effetto posizione).

Durante l'analisi dei dati si è osservato nuovamente che i soggetti presentano spesso effetti tra di loro diversi e opposti. Ne consegue che, anche se l'effetto è statisticamente significativo all'interno del singolo soggetto, sommando due soggetti assieme che presentano effetti opposti (ad esempio in uno la frequenza cardiaca del blu aumenta quando il blu è target, nell'altro diminuisce) i singoli effetti si sottraggono tra loro e l'analisi complessiva dei dati porta ad affermare che l'effetto non esiste. Utilizzando la t di Student, che si basa sulla somma di valori, effetti simmetrici e in direzioni opposte si sottraggono tra di loro e si è portati così ad affermare l'assenza di relazioni quando invece queste esistono (questa situazione è nota come errore di secondo tipo).

Gli effetti osservati in questo capitolo, nel quale l'analisi dei dati è basata sull'additività degli effetti (t di Student), sono in buona parte il risultato di "fortuna", cioè del fatto che un gruppo maggioritario di soggetti presenta l'effetto nella stessa direzione. In alcuni casi l'effetto non si è visto o le configurazioni degli effetti sui colori sono diverse non tanto perché esiste una reale diversità degli effetti o l'assenza dell'effetto, ma in quanto la componente fortuita ha portato a sommare i singoli effetti diversamente.

6.3 Esperimento 3

L'esperimento appena descritto ha mostrato che quando non viene visualizzato il feedback l'effetto si annulla. La critica che si può avanzare è che la sequenza dei trial con feedback e senza feedback era fissa e quindi l'annullamento dell'effetto può essere la conseguenza di un apprendimento. Si è quindi replicato questo controllo in un breve esperimento che si differenzia dal precedente per due elementi:

1) il computer seleziona, in modo assolutamente random, se visualizzare o meno il feedback, cioè il colore (target) selezionato nella terza fase del trial sperimentale.
2) I tempi di presentazione dei colori, nella fase 1, sono stati portati da 4 a 2 secondi. Ridurre i tempi di presentazione dei colori consente infatti di aumentare la numerosità delle misure utilizzabili nell'analisi dei dati e/o ridurre i tempi dell'esperimento.

Gli obiettivi di questo esperimento sono:

1. verificare nuovamente l'esistenza dell'effetto retrocausale;
2. verificare l'assenza dell'effetto retrocausale quando non viene presentato il feedback. Più precisamente quando il computer opera la selezione del colore (fase 3), ma al posto del colore selezionato presenta una schermata grigia.

6.3.1 Procedura

Si è utilizzata la stessa sequenza dei colori nella fase 1 utilizzata nel primo esperimento: blu, verde, rosso e giallo. La presentazione dei colori nella fase 1 è stata ridotta da 4 a 2 secondi, al fine di ridurre i tempi di conduzione dell'esperimento (da circa 40 minuti a poco più di 25). In modo del tutto random (quindi impredicibile) la selezione operata dal computer non veniva mostrata, al posto del feedback veniva presentata una schermata grigia.

6.3.2 Ipotesi

Si ipotizza nuovamente di:

1. osservare l'effetto retrocausale sui colori.
2. Di non osservare l'effetto retrocausale quando non viene presentato il feedback. Più precisamente quando il computer opera la selezione del colore (fase 3), ma al posto del colore selezionato presenta una schermata grigia.

E' importante sottolineare che l'emersione dell'effetto retrocausale nell'analisi generale dipende dalla composizione del campione (dal prevalere di configurazioni individuali), non ci si aspetta perciò di osservare l'effetto generale sugli stessi colori emersi nell'analisi dei dati del primo esperimento.

6.3.3 Campione

L'esperimento consiste di 100 trial per soggetto, dei quali poco più di 1/5 senza feedback. Sono stati utilizzati 8 soggetti. Come detto, i trial senza feedback vengono scelti dal computer in modo random. In totale, 151 sono stati i trial senza feedback e 649 quelli con feedback. L'n totale è 3.200 (100 trial x 4 stimoli x 8 soggetti) di cui 2.596 con feedback e 604 senza.

6.3.4 Risultati

Nonostante il tempo di presentazione degli stimoli sia più breve (2 secondi anziché 4) l'effetto emerge in modo fortemente significativo per gli stimoli di colore blu e di colore giallo nella condizione con feedback, quando cioè il computer visualizza il target selezionato dal procedimento random. L'effetto è invece totalmente assente nel momento in cui il computer, pur effettuando la selezione del target tramite il procedimento random, non lo visualizza a monitor (condizione senza feedback).

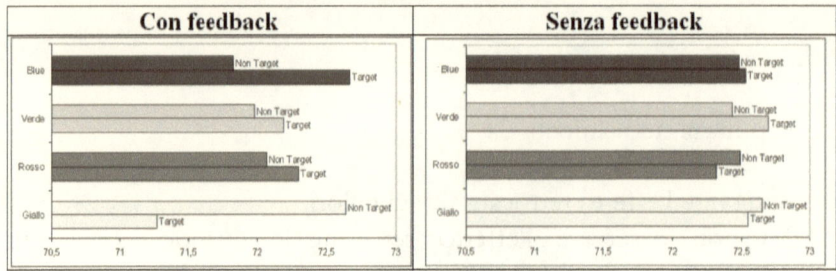

Frequenze cardiache medie degli stimoli target e non target

In questo esperimento si è osservata una leggera tendenza ad indovinare di più di quanto fosse atteso (26% contro il 25% atteso dal caso). Tale differenza non raggiunge però la significatività statistica.

E' però interessante notare che mentre nei primi 50 trial i soggetti indovinano il 25,08% delle volte, negli ultimi 50 trial questa proporzione sale al 26,95%. Pur non essendo statisticamente significativa, questa differenza suggerisce la possibilità di un effetto apprendimento.

	Primi 50 trial	Secondi 50 trial	Totale
Indovinano	25,08%	26,95%	26,04%
Non indovinano	74,92%	73,05%	73,96%
Totale	100,00%	100,00%	100,00%
Numero di trial	(n=315)	(n=334)	(n=649)

Numero di volte in cui i soggetti hanno indovinato nei trial con feedback

Se questo dato venisse confermato, esso andrebbe a supporto dell'ipotesi che i soggetti imparano ad utilizzare il segnale emozionale al fine di scegliere esiti favorevoli (indovinare di più). In un esperimento come questo in cui l'estrazione avviene in base ad un algoritmo totalmente random, imparare ad indovinare dovrebbe essere semplicemente impossibile. Infatti, le sequenze che si utilizzano sono, per definizione, impredicibili. A meno che non esista la possibilità per il soggetto di imparare ad utilizzare i segnali emozionali, che secondo la teoria della sintropia possono veicolare informazione a ritroso nel tempo.

6.3.5 Discussione

E' interessante notare che, mentre nel primo esperimento si osservava un forte effetto sul colore verde, in questo secondo esperimento l'effetto sul verde scompare per apparire sul giallo. L'effetto sul primo colore, blu, rimane invece invariato. Questa modulazione è dovuta al fatto che l'effetto si presenta diversamente all'interno di ogni singolo soggetto e che quindi il risultato finale che si ottiene, come somma degli effetti dei singoli soggetti, può portare ad osservare l'effetto su colori diversi a seconda di quale tipologia di soggetti è prevalente nel campione.

La diversità degli effetti che si osserva nei singoli soggetti avvalora l'ipotesi che è possibile rilevare un'impronta caratteristica dei soggetti per mezzo di questi esperimenti. Un controllo importante può perciò essere quello di effettuare esperimenti su singoli soggetti, al fine di individuare la loro impronta caratteristica e correlarla con altre variabili, ad esempio variabili di personalità o di tipo clinico.

RUOLO DELLE EMOZIONI
NEI PROCESSI DECISIONALI

Il modello di Damasio e Bechara (Damasio, 1994) del doppio sistema di elaborazione delle informazioni vede alla base dei processi decisionali:

1. il *sistema conscio*, o dichiarativo, che utilizza i processi verbali e del ragionamento per giungere alla formulazione di una decisione;
2. il *sistema emozionale, inconscio*, non dichiarativo, che utilizza un diverso network neurofisiologico in cui i marcatori somatici, misurabili attraverso la conduttanza cutanea e la frequenza cardiaca, sembrano giocare un ruolo fondamentale.

Damasio non aveva preso in considerazione il fatto che nei gambling task la reazione anticipata, osservata tramite la conduttanza cutanea, potesse essere frutto di un'anticipazione e non solo di un apprendimento. Il disegno dei suoi esperimenti si basa infati sempre su regole implicite che impediscono di verificare se la reazione anticipata della conduttanza cutanea sia dovuta ad anticipazione o ad apprendimento.

In questo capitolo viene formulata l'ipotesi che i processi decisionali siano guidati da processi:

1. cognitivi, impliciti ed espliciti, che seguono il flusso classico delle informazioni, dal passato al futuro, e si basano quindi sull'utilizzo della memoria, dell'apprendimento e dell'esperienza;
2. retrocausali, basati sulla percezione di vissuti emozionali, che seguono il flusso a ritroso delle informazioni, dal futuro verso il passato, e si basano sull'utilizzo di segnali associati al sistema neurovegetativo.

Studiando i pazienti neurologici colpiti da deficit nell'attività decisoria, Damasio ha avanzato l'ipotesi, nota come ipotesi del marcatore somatico, che le emozioni facciano parte del circuito della ragione e che contribuiscano al processo decisionale, invece di essergli di intralcio.

Secondo Damasio, le emozioni consentono di operare scelte vantaggiose senza dover effettuare valutazioni vantaggiose.

Damasio ipotizza che nel corso dell'evoluzione, i processi cognitivi si siano aggiunti a quelli emozionali, mantenendo la centralità delle emozioni nei processi decisionali. Ciò verrebbe suffragato dal fatto che nei momenti di pericolo, proprio quando le scelte devono essere operate rapidamente, la ragione viene scavalcata; Damasio riporta l'esempio della paura, una emozione che consente alla maggior parte delle persone di mettere in atto istantaneamente le scelte che consentono di sottrarsi prontamente ai pericoli, con un contributo scarso o nullo da parte della ragione.

Lo studio di pazienti neurologici colpiti da deficit nell'attività decisoria mostra che gli strumenti che si è soliti giudicare necessari e sufficienti per i processi razionali sono integri. Dai test risultano infatti essere integri: la memoria a breve e lungo termine, la memoria operativa, l'attenzione, la percezione, il linguaggio, la logica astratta, la capacità aritmetica, l'intelligenza, l'apprendimento, la conoscenza degli elementi che compongono il problema sul quale si chiede di operare la decisione e l'integrità del sistema di valori.

Questi pazienti rispondono in modo normale alla maggioranza dei test di intelligenza. Le loro funzioni cognitive risultano integre: la capacità percettiva, la memoria del passato, la memoria a breve termine, la memoria operativa, l'apprendimento di nuovi contenuti, il linguaggio, la capacità aritmetica; l'attenzione, le competenze logiche e di cambiamento di assetto mentale. Sono dotati di intelletto normale, ma non sono capaci di decidere in modo appropriato per tutto ciò che concerne il proprio futuro.

Si osserva cioè una dissociazione tra la capacità di decidere in domini riguardanti gli oggetti, lo spazio, i numeri e le parole e la capacità di decidere in modo vantaggioso per il proprio futuro. In neuropsicologia si parla di dissociazione tra capacità cognitive e il loro utilizzo. Da una parte le funzioni cognitive sono integre, ma dall'altra il paziente non le riesce ad utilizzare in modo vantaggioso per il proprio futuro. La dissociazione si manifesta anche come assenza di collegamento tra il sistema astratto dei valori e la vita reale.

Studiando i pazienti neurologici Damasio scoprì che i deficit nell'attività decisoria erano sempre accompagnati da alterazioni nei sentimenti e nella capacità di sentire i propri vissuti emozionali. Secondo Damasio, l'effettivo dispiegamento delle strategie del ragionamento dipenderebbe in larga misura dalla capacità di provare sentimenti. Damasio ipotizza che nel corso dell'evoluzione le strategie della ragione si siano sviluppate sotto la guida di meccanismi di regolazione biologica dei quali le emozioni e i sentimenti sono espressioni notevoli.

Questa ipotesi non nega il fatto che l'intervento delle emozioni e dei sentimenti possa a volte causare grande disordine nei processi di ragionamento, ma sottolinea il fatto ancor più sorprendente che l'assenza di emozioni e sentimento è ancora più dannosa. Mentre tutte le funzioni cognitive dei pazienti con deficit decisorio risultano integre, la capacità di provare sentimenti mostra vistose alterazioni. Si osserva ad esempio la comparsa di comportamenti contrari alla condotta sociale, la comparsa di comportamenti contrari al giudizio etico e la freddezza di ragionamento.

Questi pazienti mostrano sempre una nota emozionalmente neutra: mai una sfumatura di emozione; niente tristezza, né impazienza o frustrazione. Si osserva l'assenza di reazioni emozionali positive o negative.

Inoltre, i soggetti colpiti da deficit nell'attività decisoria mostrano un comportamento che si potrebbe descrivere come *"miopia rispetto al futuro."* Damasio sottolinea che questo stesso disagio colpisce coloro che sono sotto l'influenza dell'alcool o di altre sostanze.

In altre parole, l'assenza delle emozioni porta all'incapacità di effettuare scelte vantaggiose. Emerge, ad esempio, l'assenza di preoccupazione per il proprio futuro, l'incapacità di pianificare il proprio futuro, l'incapacità di fare un programma efficace anche per le ore a venire, la confusione rispetto alle priorità, l'assenza di intuizione e l'assenza di alcun segno di preveggenza.

Questi pazienti mostrano anche la maniacalità nello svolgimento di compiti sussidiari, non correlati al proprio futuro, l'incapacità di imparare dai propri errori, la compromissione del libero arbitrio e la compromissione della propria indipendenza.

Al contrario, nei soggetti normali, che mettono in campo strategie decisionali vantaggiose, Damasio osserva che le emozioni consentono di decidere in armonia con un senso del futuro, aiutano ad indirizzare la razionalità nella direzione giusta, conducono al luogo appropriato di uno spazio decisionale nel quale si possano far operare bene gli strumenti della logica, assistono nel compito di prevedere un futuro incerto, assistono nel compito di pianificare le nostre azioni, attivano vissuti di preveggenza, favoriscono il giudizio etico e favoriscono l'armonizzazione del comportamento individuale con le convenzioni sociali.

Per vantaggiosa Damasio intende ogni decisione che favorisca la sopravvivenza dell'individuo e del suo gruppo parentale, la sicurezza di un tetto, la salute fisica e mentale, l'occupazione, la solvibilità finanziaria, ed una buona collocazione nel gruppo sociale.

7.2 Il deficit decisionale e la corteccia prefrontale

In questi soggetti il deficit decisionale non può essere attribuito alla menomazione di qualche processo cognitivo; esso sembra invece collocarsi negli stadi più avanzati del ragionamento, in prossimità o in corrispondenza del punto in cui deve essere fatta la scelta o deve emergere la risposta.

Damasio notò che specifiche lesioni della corteccia cerebrale prefrontale, soprattutto in quei settori dell'encefalo che integrano i segnali provenienti dal corpo e che ne generano mappe, portavano all'assenza o alla imperfetta percezione delle sensazioni somatiche associate alle emozioni. Damasio afferma che questi pazienti sono caratterizzati dal sapere ma non dal sentire.

Dopo aver sofferto una lesione alle cortecce frontali, emozioni e sentimenti sono compromessi e i pazienti perdono la capacità di scegliere la linea d'azione più vantaggiosa, nonostante le capacità mentali rimangano inalterate.

Le sensazioni somatiche sulle quali ruotano le emozioni coinvolte nei processi decisionali sono innanzitutto quelle del cuore, nella forma dell'accelerazione del battito cardiaco, seguite da quelle dei polmoni, nella forma della contrazione del respiro, dell'intestino e dei muscoli.

Emozione, sentimento, regolazione biologica hanno tutti un ruolo nella ragione umana. I livelli più modesti del nostro organismo fanno parte del ciclo della ragione superiore. Nell'edificio neurale della ragione, i livelli più bassi sono gli stessi che regolano l'elaborazione delle emozioni e dei sentimenti, insieme con le funzioni somatiche necessarie per la sopravvivenza dell'organismo.

Deficit decisionali vengono riscontrati anche:

1. in quei pazienti nei quali si effettua la leucotomia prefrontale (e la lobotomia frontale). L'ansietà estrema, le loro emozioni, la vivacità di intelletto che aveva prodotto compulsioni incessanti e deliri scompaiono, appaiono piatte. Questi pazienti diventano tranquilli, sembrano non soffrire più, ma la loro capacità decisionale e di agire viene compromessa.
2. Nei pazienti anosognosici, i quali non riescono a sperimentare emozioni e sentimenti, si osserva la loro incapacità di fare programmi per il futuro, o di prendere decisioni riguardo alla sfera personale e a quella sociale.

I danni neurologici associati ai deficit decisionali suggeriscono che nel cervello umano vi sia un insieme di sistemi coerentemente deputati al pensiero orientato verso il futuro, verso un fine, che è alla base dei processi di ragionamento e di selezione delle risposte che viene chiamato decisione. Questo insieme di sistemi risulta anche essere implicato nelle emozioni e nei sentimenti e nella elaborazione dei segnali corporei.

Damasio avanza l'ipotesi che le aree cerebrali entro la regione dell'emisfero destro producono, attraverso le loro interazioni cooperanti, la mappa più completa e integrata dello stato presente del corpo che sia disponibile per il cervello, fatto che le rende indispensabili per la percezione dei segnali emozionali che provengono dal cuore, dai polmoni, dall'intestino e dai muscoli.

Dopo aver osservato un gruppo di pazienti con lesioni della corteccia anteriore del giro del cingolo Damasio si è convinto che in questa area emozione/sentimento, attenzione e memoria operativa interagiscono tanto a fondo che essi costituiscono la sorgente dell'energia sia dell'azione esterna (movimento) sia di quella interna (ragionamento, animazione del pensiero). I pazienti con lesioni in tale area e nei dintorni di essa mostrano un'animazione sospesa. Le aree del lobo frontale sono state associate al movimento, all'emozione e all'attenzione. Una lesione in questo settore non solo provoca menomazioni del movimento, dell'emozione e della capacità di attenzione, ma determina anche una sospensione virtuale dell'animazione degli atti e dei processi di pensiero, cosicché la ragione non è più esercitabile.

Tra le capacità di elaborazione delle strutture cerebrali "basse e antiche" e quelle delle strutture "alte e nuove" vi è una differenza così lampante che ne è scaturito un giudizio implicito e apparentemente sensato sulle rispettive competenze di questi settori del cervello. In parole semplici: il nocciolo antico del cervello si occupa della regolazione biologica di base, mentre la neocorteccia pondera con saggezza e perspicacia. Ai piani alti della corteccia vi sono ragione e forza di volontà, mentre in basso, nella regione subcorticale, risiedono l'emozione e tanta materia organica stupida.

Al contrario, lo studio dei pazienti che presentano deficit decisionale, mostra che l'apparato della razionalità, tradizionalmente ritenuto neocorticale non opera senza quello della regolazione biologica, tradizionalmente considerato subcorticale; sembra, cioè, che la natura abbia edificato il primo non semplicemente alla sommità del secondo, ma anche con questo e a partire da questo.

7.3 Processo decisionale come processo rivolto al futuro

Decidere bene significa anche decidere alla svelta, specie quando il tempo è essenziale, o almeno decidere entro un arco temporale che si giudica adeguato al problema in questione.

La scelta razionale richiede tempi troppo lunghi, assai più lunghi di quanto si possa accettare se nella medesima giornata si deve fare qualcosa d'altro; nel peggiore dei casi non si arriverà ad alcuna decisione ma ci si troverà smarriti nel labirinto dei calcoli.

Per quale motivo? Perché non è facile tenere a memoria i molteplici livelli di guadagni e perdite che bisogna confrontare. Damasio sostiene che la razionalità non può funzionare, richiede tempi troppo lunghi e non è orientata al futuro. Quindi quando sono disponibili solo i processi razionali la persona non arriva ad alcuna decisione.

L'esperienza fatta con pazienti neurologici che presentano deficit decisionali suggerisce che la strategia fredda, razionale, ha molto più a che vedere con il modo in cui pazienti colpiti da lesioni prefrontali si adoperano per decidere che con il modo di operare dei soggetti normali.

Damasio giunge alla conclusione che avere una mente significa formare rappresentazioni neurali che possono divenire immagini che possano essere manipolate in un processo chiamato pensiero alla fine di influenzare il comportamento aiutandolo a prevedere il futuro, a pianificare di conseguenza e a scegliere la prossima azione. A tal fine Damasio cita le parole di Pascal: *"Noi non pensiamo quindi affatto al presente; e se ci pensiamo, è solo per prendere lumi per predisporre l'avvenire"* e *"il cuore ha le sue ragioni, che la ragione non conosce."* Secondo Damasio: *"L'organismo ha alcune ragioni che la ragione deve utilizzare."*

Le parole di Pascal mostrano la virtuale non esistenza del presente, essendo il processo decisionale costantemente rivolto verso il futuro. Ragionamento e decisione riguardano questo incessante, onnicomprensivo processo di anticipazione e di creazione del futuro. In altre parole, chi decide deve possedere qualche strategia per produrre inferenze efficaci sul futuro, sulla base delle quali scegliere un'adeguata risposta, e che siano operanti i processi di sostegno che il ragionamento richiede.

7.4 L'ipotesi del marcatore somatico

Di solito tra le strategie decisorie si citano i processi dell'attenzione e della memoria operativa, ma praticamente mai si fa riferimento alle emozioni e al sentimento.

L'ipotesi di Damasio, nota come ipotesi del marcatore somatico, è che quando viene alla mente, sia pure a lampi, l'esito negativo connesso con una determinata opzione di risposta si avverte una sensazione spiacevole alla bocca dello stomaco. Dato che questa sensazione riguarda il corpo, Damasio l'ha definita con il termine tecnico di stato somatico; e dato che esso "contrassegna" un'immagine, l'ha chiamata marcatore.

Che cosa fa il marcatore somatico? Secondo Damasio, esso forza l'attenzione sull'esito negativo al quale può condurre una data azione, e agisce come un segnale automatico di allarme che dice: attenzione al pericolo che ti attende se scegli l'opzione che conduce a tale esito. Il segnale può far abbandonare immediatamente il corso negativo d'azione e così portare a scegliere fra alternative che lo escludono; protegge da perdite future, e in tal modo permette di scegliere entro un numero minore di alternative.

E' ancora possibile impiegare l'analisi costi/benefici e l'appropriata competenza deduttiva, ma solo dopo che i marcatori somatici hanno ridotto drasticamente il numero di opzioni. I marcatori somatici rendono più efficiente e preciso il processo di decisione, mentre la loro assenza riduce efficienza e precisione.

Damasio ipotizza che i marcatori somatici vengono connessi, tramite l'apprendimento, alla capacità di predire esiti futuri. Quando un marcatore somatico negativo è giustapposto a un particolare esito futuro, la combinazione funziona come un campanello d'allarme; quando invece interviene un marcatore positivo, esso diviene un incentivo. I marcatori somatici non deliberano per noi; essi assistono il processo illuminando alcune opzioni.

Secondo Damasio i marcatori somatici vengono acquisiti attraverso l'esperienza, sotto il controllo di un sistema di preferenze interne e sotto l'influenza di un insieme esterno di circostanze che comprende non solo entità ed eventi con i quali l'organismo deve interagire, ma anche convenzioni sociali e norme etiche.

Nelle prime fasi dello sviluppo, punizione e ricompensa vengono somministrate non solo dalle entità stesse, ma anche da genitori, anziani e pari, i quali incarnano l'etica e le convenzioni sociali della cultura cui l'organismo appartiene.

Quando alla scelta dell'opzione X, che porta all'esito cattivo Y, fa seguito la punizione, e quindi stati corporei dolorosi, il sistema dei marcatori somatici acquisisce la rappresentazione disposizionale nascosta di tale connessione arbitraria, non ereditata, guidata dall'esperienza. Durante l'infanzia e l'adolescenza, la maggior parte dei nostri processi di decisione viene socialmente "sintonizzata" da stati somatici correlati con punizioni e ricompense.

Secondo Damasio, la forza di volontà è mossa da un disagio immediato e dalla prospettiva di una ricompensa futura; si baserebbe sulla sofferenza di adesso e sulla prospettiva del benessere futuro. Se si toglie la prospettiva del benessere futuro si toglie l'elemento fondamentale che sostiene l'atto di volontà.

La forza di volontà può essere vista come un nome diverso che si utilizza per designare un processo decisionale in cui si sceglie, invece che a breve termine, a lungo termine. In altre parole, la valutazione ha luogo confrontando dolore immediato e premio futuro, e anche dolore immediato e più grave dolore futuro.

7.5 L'intuizione

Per intuizione Damasio intende quel processo misterioso attraverso il quale arriviamo a risolvere un problema senza ragionarvi su. In merito Damasio cita le parole del matematico Henri Poincaré con le quali si dichiara in pieno accordo e che sono per lui coerenti con il quadro dei marcatori somatici che propone. Poincaré scriveva:

"Che cos'è la creazione matematica? Essa non consiste nel produrre nuove combinazioni di entità matematiche già note; questa è cosa che chiunque potrebbe fare, ma le combinazioni così prodotte sarebbero un numero infinito e per lo più prive di ogni interesse. Creare consiste esattamente nel non produrre combinazioni inutili e nel produrre quelle che sono utili, e che sono una piccola minoranza. L'invenzione è discernimento, scelta. ... Ho spiegato in precedenza come si operi tale scelta: i fatti matematici degni di essere studiati sono quelli che, in virtù della loro analogia con altri fatti, sono capaci di condurci alla conoscenza di una nuova legge matematica, proprio come i fatti sperimentali ci portano alla conoscenza di una legge fisica. Sono quelli che ci rivelano parentele insospettate tra altri fatti, già noti da tempo, ma erroneamente creduti estranei gli uni agli altri. ... Tra le combinazioni scelte, le più feconde spesso saranno quelle formate da elementi tratti da domini assai distanti. Non intendo, con questo, che per l'invenzione basti mettere assieme oggetti quanto più possibile disparati: la maggior parte delle combinazioni così formate sarebbe del tutto sterile. Ma alcune di queste combinazioni, molto rare, sono le più fruttuose. ... Ho detto che inventare è scegliere; ma il termine, forse, non è completamente esatto. Esso fa pensare a un acquirente dinanzi al quale si dispieghi un gran numero di esemplari e che li esamini, l'uno dopo l'altro, per operare una scelta. Nel nostro caso gli esemplari sarebbero così numerosi che non basterebbe una vita intera, per esaminarli tutti. In realtà le cose non stanno così. Le combinazioni sterili neppure si presentano, alla mente dell'inventore. Mai, nel dominio della sua coscienza, si manifestano combinazioni che non siano davvero utili, salvo alcune che egli rigetta ma che hanno qualche apparenza di utilità. Le cose procedono come se l'inventore fosse un esaminatore di secondo grado, incaricato di interrogare soltanto i candidati che hanno già superato un precedente esame." (Poincaré, 1908)

La prospettiva di Poincaré è simile a quella di Damasio nel senso che non è necessario applicare il ragionamento all'intero campo delle possibili opzioni, poiché ha luogo una preselezione. C'è un meccanismo biologico che effettua la preselezione, esamina i candidati e consente solo ad alcuni di presentarsi all'esame finale. Secondo il fisico e biologo Leo Szilard:

"Lo scienziato creativo ha molto in comune con l'artista e con il poeta. Pensiero logico e capacità analitica sono attributi necessari dello scienziato, ma non bastano certo per un lavoro creativo. Nella scienza, le intuizioni che hanno portato a un progresso non sono logicamente derivate da conoscenze preesistenti: i processi creativi su cui si basa il progresso della scienza operano al livello del subconscio." (Szilard, 1992)

7.6 Marcatori somatici e sistema nervoso autonomo

Nella prospettiva dell'evoluzione, sembra che il sistema nervoso autonomo sia stato il mezzo neurale con cui il cervello di organismi assai meno complessi di noi interveniva nella regolazione della loro economia interna. Quando la vita consisteva per lo più nell'assicurare l'equilibrata funzione di pochi organi, e quando il tipo e il numero di interazioni con l'ambiente circostante era limitato, il sistema endocrino e quello immunitario governavano la maggior parte di ciò che vi era da governare. Quel che il cervello richiedeva era qualche segnale riguardo allo stato dei vari organi, e insieme un mezzo per modificare tale stato in presenza di particolari circostanze esterne. Il sistema nervoso autonomo forniva proprio questo: una rete entrante per segnalare i cambiamenti dei visceri e una rete uscente per i comandi motori diretti a quei visceri.

Il sistema nervoso autonomo è costituito da centri di controllo propri, situati entro il sistema limbico e il midollo allungato e da proiezioni di neuroni che si dipartono da quei centri in direzione dei visceri per tutto l'organismo.

Le ramificazioni di tale sistema sono strutturate in due grandi suddivisioni: il sistema nervoso simpatico e quello parasimpatico. Queste si dipartono dal midollo allungato e dal midollo spinale, talvolta procedendo in parallelo con le ramificazioni del sistema non autonomo.

Le attività della divisione simpatica e quelle della divisione parasimpatica sono mediate da neurotrasmettitori diversi e sono in larga misura antagonistiche: per esempio, se l'una stimola la contrazione dei muscoli lisci, l'altra ne stimola il rilassamento. I fasci nervosi autonomi di ritorno, che portano al sistema nervoso centrale i vari segnali riguardanti lo stato dei visceri, tendono a seguire le medesime vie.

Tra le varie risposte del sistema nervoso autonomo, che è possibile analizzare in laboratorio, abbiamo la conduttanza cutanea, la frequenza cardiaca e la temperatura corporea.

Utilizzando la conduttanza cutanea si scopre che tutti i soggetti con lesioni al lobo frontale rispondono bene quanto i soggetti normali o i pazienti con altre lesioni cerebrali. In altre parole, sembra che in quei pazienti nulla di essenziale sia stato alterato nell'apparato neurale che suscita la risposta della conduttanza cutanea. Sembra però vero che chi non manifesta una risposta di conduttanza cutanea non avrà mai lo stato corporeo conscio che è tipico di un'emozione.

7.7 Esperimenti con giochi di azzardo e reazioni anticipatorie

Bechara, un giovane laureato che seguiva un corso di perfezionamento presso i laboratori di Damasio, escogitò una serie di brillanti prove che vanno sotto il nome di "*esperimenti con giochi d'azzardo*", e sono quanto di più lontano si possa immaginare dalle noiose manipolazioni in genere imposte da esperimenti analoghi.

L'ambientazione è assai colorita, pazienti e soggetti normali si divertono a sottoporsi e la natura stessa della ricerca così compiuta favorisce il riprodursi di situazioni realistiche e il verificarsi di episodi divertenti, lontano dalla natura artificiosa della maggior parte delle prove sperimentali che si compiono in neuropsicologia. Bechara voleva utilizzare un mezzo il più "realistico" possibile per valutare la capacità di decisione.

Nell'esperimento di base, il soggetto è seduto ad un tavolo sul quale sono disposti, di fronte a lui, quattro mazzi di carte, rispettivamente contrassegnati con le lettere A, B, C e D. Gli vengono dati in prestito 2.000 dollari (falsi, ma perfettamente simili a quelli veri) e gli si comunica che lo scopo del gioco è di perdere il meno possibile della somma assegnatagli all'inizio e di guadagnare quanto più possibile denaro extra.

Il gioco consiste nello scoprire in successione le carte, una per volta, da uno qualsiasi dei quattro mazzi, fino a che lo sperimentatore non interrompe la prova; quindi il soggetto non sa quante carte dovrà voltare in totale. Inoltre, lo si informa che ogni carta voltata gli farà guadagnare del denaro, ma di tanto in tanto a questo guadagno si accompagnerà l'obbligo di pagare una certa somma. Solo dopo che una carta è stata voltata si svela quanto ha guadagnato, o quanto dovrà pagare. Senza che il soggetto lo sappia la prova termina dopo che sono state voltate 100 carte.

All'inizio il soggetto non ha modo di prevedere che cosa accadrà e nemmeno può riuscire a tenere a mente un computo preciso dei guadagni e delle perdite. Il gioco procede proprio come nella vita reale, in cui buona parte della conoscenza grazie alla quale viviamo e costruiamo il nostro futuro ci viene distribuita con parsimonia, frammento dopo frammento, mentre l'esperienza aumenta e l'incertezza domina.

E' interessante osservare come si comportano, nell'esperimento, gli individui normali. Essi cominciano con il saggiare ognuno dei quattro mazzi, in cerca di indizi e di regolarità. Poi, forse allettati dall'esperienza degli alti guadagni possibili, mostrano in genere una prima preferenza per i mazzi A e B; ma gradualmente, nel giro delle prime trenta mosse, spostano la preferenza verso i mazzi C e D e si attengono a questa strategia fino al termine della prova. Alcuni giocatori che si dichiarano amanti del rischio possono occasionalmente tornare a saggiare i mazzi A e B, ma solo per riportarsi in beve alla linea d'azione che appare più prudente.

I giocatori non hanno modo di effettuare un calcolo preciso dei guadagni e delle perdite; tuttavia, a poco a poco si fa strada in loro l'impressione che alcuni mazzi (e precisamente l'A ed il B) siano più *"pericolosi"* di altri.

Perché questo test dovrebbe avere successo là dove altri falliscono?

Probabilmente perché esso è una buona imitazione della vita; viene eseguito in tempo reale, e assomiglia ai veri giochi di carte, include esplicitamente ricompense e punizioni, come pure valori espressi in moneta; impegna il soggetto in una ricerca di vantaggi, presenta dei rischi; offre delle scelte, ma non dice come, quando o che cosa scegliere. E' carico di incertezze, ma la sola via per ridurle al minimo è quella di produrre, con qualsiasi mezzo sia disponibile, impressioni e stime di probabilità, dal momento che non si può far alcun calcolo preciso.

Il comportamento dei pazienti con lesioni frontali fu illuminante: quel che essi facevano nel test con le carte assomigliava a quello che spesso avevano fatto nella vita quotidiana dopo aver subito la lesione cerebrale, mentre differiva da quello che avrebbero fatto prima della lesione. Il loro comportamento era diametralmente opposto a quello degli individui normali. I pazienti con lesioni frontali anche se attentissimi e collaborativi scelgono in modo disastroso.

Sappiamo dove sono localizzate le lesioni che causano la menomazione; sappiamo qualcosa sui sistemi neurali presenti nelle aree danneggiate da quelle lesioni. Ma come avviene che la loro distruzione d'improvviso faccia sì che le conseguenze future non abbiano più alcuna influenza sul decidere?

Il risultato sorprendente è che sia i pazienti con lesioni ai lobi frontali che i soggetti normali danno risposte di conduttanza cutanea ogni volta che ricevono una ricompensa o una penalizzazione dopo aver voltato una data carta.

In altre parole, nei pochi secondi immediatamente successivi al pagamento della penale o all'acquisizione della ricompensa sia i soggetti normali sia i pazienti con lesioni frontali mostrano, attraverso la risposta della pelle, di essere stati influenzati dall'evento. Ciò è importante perché mostra che i pazienti possono generare tale risposta in certe condizioni ma non in altre.

Tuttavia nei soggetti normali, dopo che essi hanno voltato un certo numero di carte, comincia ad accadere qualcosa di bizzarro. Subito prima che essi scelgono una carta da un mazzo cattivo (cioè, mentre essi stanno decidendo o hanno deciso di pescare da quello che lo sperimentatore sapeva essere un mazzo cattivo), viene generata una risposta di conduttanza cutanea che va accentuandosi con il procedere del gioco.

Il cervello dei soggetti normali, insomma, va gradualmente imparando a prevedere un esito sfavorevole, e segnala la relativa "negatività" di quel mazzo prima che ne venga pescata e voltata una carta.

Il fatto che i soggetti normali non esibissero tali risposte all'inizio della prova, il fatto che le risposte fossero acquisite con l'esperienza e che la loro intensità continuasse ad aumentare via via che si aggiungevano nuove esperienze (sia positive sia negative), indica in modo netto che il cervello di quei soggetti andava imparando qualcosa di importante sulla situazione e cercava di segnalare in anticipo che cosa non sarebbe stato positivo, in futuro.

I pazienti con lesione frontale, invece, non mostrano alcun tipo di risposta anticipatoria, nessun segno che il loro cervello stia sviluppando la previsione di un esito negativo.

Damasio afferma che non è ancora noto il modo in cui gli esperimenti con le carte portino a sviluppare la previsione di esiti futuri negativi. Ci si può chiedere se il soggetto elabori una stima cognitiva di negatività contro positività, per ogni mazzo, e colleghi in modo automatico tale impressione con uno stato somatico indicante negatività, il quale a sua volta può cominciare a operare come segnale d'allarme.

In questo schema il ragionamento (una stima cognitiva) precede la segnalazione somatica; ma questa è ancora l'elemento critico per l'attuazione, giacché si sa che i pazienti non possono operare "normalmente" pur conoscendo i mazzi buoni e quelli cattivi.

Vi è però un'altra possibilità, secondo la quale una valutazione celata e non conscia precede qualsiasi processo cognitivo. Sistemi regolatori di base del corpo preparerebbero così il terreno ad un'elaborazione cognitiva, conscia. In assenza di siffatta preparazione, non si arriverebbe mai, o si arriverebbe troppo tardi e in misura insufficiente, a rendersi conto di che cosa è buono e che cosa è cattivo.

Damasio non vuole con ciò affermare che la mente è nel corpo, ma vuole solo dire che il contributo del corpo al cervello non si riduce agli effetti modulatori o al sostegno delle operazioni vitali, ma comprende anche un contenuto che è parte integrante del funzionamento della mente normale.

L'ipotesi del marcatore somatico postulò, fin dall'inizio, che le emozioni marcassero, appunto, determinati aspetti di una situazione o determinati esiti delle possibili azioni del soggetto. L'emozione produceva tale marcatura in modo del tutto manifesto – come accade in una "sensazione viscerale" – oppure nascostamente, servendosi di segnali operanti al di là del radar della consapevolezza.

7.8 In sintesi

Nei suoi esperimenti Damasio registra, grazie alla conduttanza cutanea, 3 tipi di risposte emozionali.

1. Due "*posticipate*":
    a. dopo la gratificazione dovuta alla vincita;
    b. dopo la punizione dovuta ad una perdita.
2. Una terza "*anticipata*":
    a. osservabile prima della determinazione della scelta, durante il periodo in cui il soggetto valuta quale mazzo di carte scegliere.

Damasio interpreta la reazione anticipata della conduttanza cutanea come un effetto dovuto all'apprendimento.

8

REAZIONI PRESTIMOLO
DELLA FREQUENZA CARDIACA:
RETROCAUSALITÀ E APPRENDIMENTO

Il disegno sperimentale utilizzato in questo lavoro è stato ideato per distinguere tra effetti di anticipazione imputabili alla retrocausalità ed effetti dovuti ad un processo di apprendimento. Infatti:

1. le differenze nelle frequenze cardiache osservabili nella fase 1, in associazione alla selezione random (impredicibile) del computer (effettuata nella fase 3) possono essere attribuite unicamente ad un effetto retrocausale, considerata appunto l'assoluta impredicibilità della selezione operata dal computer nella fase 3;
2. le differenze nelle frequenze cardiache osservabili nella fase 1, in associazione alla scelta fortunata/sfortunata operata dal soggetto nella fase 2, possono essere interpretate come effetti di apprendimento.

Il quarto esperimento propone la stessa sequenza di colori utilizzata nel primo esperimento, ma nella terza fase un colore ha una probabilità di estrazione del 35% (colore fortunato), un altro colore ha una probabilità del 15% (colore sfortunato) e gli ultimi due colori hanno una probabilità del 25% (colori neutri). L'obiettivo dei soggetti sperimentali è quello di cercare di indovinare il più possibile la selezione operata dal computer (target). I soggetti non vengono informati del fatto che i colori hanno diverse probabilità di essere estratti.

Le ipotesi di questo esperimento sono le seguenti:

1) Ipotesi retrocausale: si ipotizza di osservare differenze statisticamente significative nelle frequenze cardiache misurate nella fase 1, in associazione alle immagini target (estratte in modo random dal computer nella fase 3) rispetto alle immagini non

target (le immagini non estratte dal computer nella fase 3). Queste differenze verranno interpretate come effetto retrocausale, considerata l'assoluta impredicibilità dell'immagine target estratta dal computer nella fase 3.

2) Ipotesi dell'apprendimento: in base a risultati già evidenziati da Damasio e Bechara (1994), ci si aspetta di osservare un effetto apprendimento nella frequenza cardiaca nella forma di differenze statisticamente significative nelle frequenze cardiache misurate nella fase 1 in associazione alla scelta di un colore fortunato, sfortunato o neutro operata dal soggetto in fase 2; queste differenze dovrebbero aumentare in modo marcato con il procedere dell'esperimento.

3) Ipotesi di interazione tra effetto retrocausale ed effetto apprendimento: l'effetto retrocausale e l'effetto apprendimento agirebbero entrambi sulla frequenza cardiaca; dalle prime prove effettuate in fase di costruzione e test del software di questo esperimento, ci si attende una interazione nella forma di una iniziale inibizione dell'effetto retrocausale da parte dell'effetto apprendimento.

L'ipotesi circa l'esistenza di un possibile effetto interazione è emersa nella fase di realizzazione e testing del software dell'esperimento. Mentre i soggetti che avevano partecipato ai primi 3 esperimenti descrivevano (spontaneamente) una sensazione alla bocca dello stomaco in associazione al colore che sarebbe stato poi selezionato dal computer, analogamente al marcatore somatico descritto da Damasio, nei test effettuati prima dell'avvio di quest'ultimo esperimento la sensazione alla bocca dello stomaco era scomparsa e l'effetto retrocausale si mostrava con una forza nettamente inferiore rispetto a quella osservata nei precedenti esperimenti. Questo nuovo elemento ha di conseguenza suggerito la possibilità di un effetto di interazione tra effetto retrocausale ed effetto apprendimento.

E' stato utilizzato lo stesso disegno sperimentale del primo esperimento, introducendo come unica variante la diversa probabilità di estrazione dei colori: un colore è sbilanciato verso la fortuna, con probabilità di estrazione del 35%, un altro è sbilanciato verso la sfortuna, con probabilità di estrazione del 15% e due colori sono perfettamente random, con probabilità di estrazione del 25% ciascuno.

Da un punto di vista strettamente informatico lo "sbilanciamento" si ottiene facendo estrarre in modo random un numero da 1 a 100. Nel caso in cui il numero estratto è compreso:

1. tra 1 e 35 viene selezionato il colore fortunato;
2. tra 36 e 50 viene selezionato il colore sfortunato;
3. tra 51 e 75 viene selezionato il primo colore neutro;
4. tra 76 e 100 viene selezionato il secondo colore neutro.

Lo stesso numero può essere selezionato nuovamente, rendendo così ogni estrazione totalmente indipendente dalle precedenti, portando però ad una estrazione dei colori fortunati, sfortunati e random diversa da quella teorica. Nel complesso dei 3.000 trial sperimentali (30 soggetti x 100 trial ciascuno), il colore fortunato è stato selezionato il 36,15% delle volte, quello sfortunato il 14,13% e i colori neutri il 24,86%.

E' importante ricordare che la percentuale dei successi nell'indovinare lo stimolo target è sempre rimasta attorno alla percentuale prevista dal caso (25%), all'inizio come alla fine dell'esperimento; inoltre, interrogati in merito alla frequenza di estrazione dei target, i soggetti hanno dichiarato in genere di non aver notato l'esistenza di un colore più fortunato rispetto agli altri. In altre parole, nel corso dei 100 trial, i soggetti non sono riusciti a tradurre le diverse probabilità di estrazione dei colori in apprendimenti impliciti o espliciti.

L'esperimento è stato condotto nel periodo marzo/aprile 2009. Il campione raggiunto è di 30 soggetti. Le istruzioni date alla tirocinante sono state le seguenti:

1) informare il soggetto sperimentale in merito alla durata complessiva dell'esperimento (circa 40 minuti);
2) scegliere una stanza tranquilla e silenziosa dove lasciare da solo il soggetto sperimentale per tutta la durata della procedura;
3) avviare la registrazione della frequenza cardiaca solo dopo che

questa si è stabilizzata. Inizialmente, infatti, la frequenza cardiaca è alterata a causa dei movimenti che il soggetto ha dovuto compiere per applicare il cardiofrequenzimetro. In genere la stabilizzazione della frequenza cardiaca richiede meno di un minuto da quando il soggetto si siede avanti al computer per l'esecuzione dell'esperimento;

4) informare il soggetto in merito al compito: cercare di indovinare il maggior numero di colori che verranno estratti dal computer;

5) avviare l'esperimento solo dopo aver iniziato la registrazione della frequenza cardiaca;

6) seguire il soggetto per il primo trial, al fine di accertare che abbia compreso il compito;

7) lasciare il soggetto da solo nella stanza in cui sta conducendo l'esperimento.

Al termine di ciascun esperimento la sperimentatrice inviava per e-mail 2 file:

1) il file con le frequenze cardiache, prodotto dal programma Training Monitor 2.2.0 della SUUNTO. In questo file le frequenze cardiache registrate sono associate al secondo esatto (in millisecondi) della rilevazione;

2) il file prodotto dal software realizzato in Delphi Pascal per la conduzione dell'esperimento. Questo file riporta il momento esatto (in millisecondi) di inizio della presentazione degli stimoli nella fase 1 (stimoli che vengono sincronizzati con l'inizio del secondo), la selezione operata dal soggetto e la selezione operata dal computer. Ad ogni informazione è associato il numero del trial e la composizione degli stimoli (fortunato / sfortunato e random).

Appena si ricevevano i file, si effettuava una elaborazione di controllo per fornire un feedback immediato alla sperimentatrice.

Il feedback consisteva in una tabella riassuntiva degli effetti osservati per singolo soggetto. Nella tabella viene riportato l'esempio della tabella riassuntiva calcolata per il soggetto n. 21 e per il soggetto n. 7. Queste tabelle di feedback riportano per ciascun soggetto 16 righe, una per ciascuna delle 16 frequenze cardiache misurate nella fase 1 dell'esperimento. La fase 1 era ripetuta 100 volte. E' quindi possibile calcolare, per ciascuna delle 16 frequenze cardiache, il valore medio delle frequenze cardiache nel caso in cui il colore, indicato in colonna, viene selezionato dal computer (target) o non viene selezionato dal computer (non target).

Esempio di tavola di feedback e confronto tra 2 soggetti								
Soggetto 21					**Soggetto 7**			
	Blu	Verde	Rosso	Giallo		Blu	Verde	Rosso	Giallo
HR 1:	-0,671	2,200	-0,840	-1,103	HR 1:	0,276	-0,775	0,040	0,378
HR 2:	-0,772	2,399	-0,556	-1,471	HR 2:	0,231	-0,750	0,133	0,298
HR 3:	-0,950	2,467	-0,056	-1,766	HR 3:	0,210	-0,862	0,173	0,414
HR 4:	-1,353	2,310	1,080	-2,054	HR 4:	0,150	-0,913	0,187	0,560
HR 5:	-1,928	2,204	1,894	-1,892	HR 5:	0,117	-0,850	0,187	0,545
HR 6:	-1,954	1,897	2,474	-1,993	HR 6:	0,048	-0,875	0,227	0,640
HR 7:	-1,982	1,535	2,752	-1,755	HR 7:	-0,067	-0,688	0,320	0,491
HR 8:	-2,015	1,543	2,733	-1,704	HR 8:	-0,077	-0,763	0,373	0,524
HR 9:	-1,831	1,397	2,665	-1,704	HR 9:	-0,129	-0,712	0,427	0,482
HR 10:	-1,770	1,508	2,407	-1,691	HR 10:	-0,109	-0,700	0,467	0,375
HR 11:	-1,482	1,468	1,981	-1,641	HR 11:	-0,174	-0,625	0,467	0,402
HR 12:	-1,458	1,853	1,404	-1,637	HR 12:	-0,249	-0,650	0,600	0,378
HR 13:	-1,572	2,154	1,199	-1,679	HR 13:	-0,259	-0,625	0,573	0,402
HR 14:	-1,544	2,079	1,260	-1,676	HR 14:	-0,296	-0,525	0,573	0,348
HR 15:	-1,452	1,994	1,226	-1,661	HR 15:	-0,283	-0,513	0,507	0,405
HR 16:	-1,311	1,727	1,255	-1,541	HR 16:	-0,220	-0,525	0,413	0,438
Totale generale:	**83,764**				**Totale generale:**	**0,000**			

Tabelle di feedback retrocausale. L'effetto retrocausale è stato valutato per mezzo delle differenze medie delle frequenze cardiache misurate nella fase 1 in associazione con la selezione random operata dal computer nella fase 3.

Nella tabella di feedback sull'effetto retrocausale è riportata la differenza dei valori medi delle frequenze cardiache. Ad esempio, nella prima colonna relativa al soggetto n. 21 si legge che la prima frequenza cardiaca misurata nella fase 1, quando il blu viene selezionato dal computer (target), è mediamente inferiore di 0,671 battiti al minuto rispetto a quando il colore blu non viene selezionato dal computer. La seconda frequenza cardiaca è invece mediamente inferiore di 0,772 battiti al minuto (quando il blu è target) e così via.

L'effetto retrocausale si manifesta come differenza tra i valori medi delle frequenze cardiache misurate nella fase 1, in associazione al colore scelto e mostrato dal computer nella fase 3. Nella tabella vengono considerati solo i valori superiori a 1,5 in quanto questi individuano, in genere, significatività statistiche con probabilità di errore inferiore a 0,01 ($p < 0,01$).

Maggiore è la differenza (sia in negativo come in positivo), maggiore è l'effetto retrocausale. In fondo alla tabella viene riportato un valore riassuntivo che è il totale generale (ottenuto come somma dei valori assoluti) di tutte le differenze osservate nella tabella con valore superiore a 1,5.

Operando in questo modo non viene sommato, nel totale generale, il rumore di fondo dovuto alle fluttuazioni casuali. La tabella di feedback dell'effetto retreocausale mostra per il soggetto n. 21 un totale generale di 83,764 mentre per il soggetto n. 7 un totale generale pari a zero.

Le 16 righe contrassegnate da HR (Heart Rate: frequenza cardiaca) indicano le 16 frequenze cardiache rilevate in ciascun trial nella fase 1.

Ogni sessione sperimentale comprendeva 100 trial, ci sono perciò per ogni soggetto sperimentale 100 misure per l'HR 1, 100 per l'HR 2 ecc. fino alle 100 misure per l'HR 16. E' possibile, perciò, per ogni HR, calcolare la differenza delle medie quando il blu è target o non target (selezione operata dal computer nella fase 3), quando il verde è target o non target, quando il rosso è target o non target e quando il giallo è target o non target.

Valori bassi nelle differenze delle medie indicano assenza di effetto retrocausale, valori alti indicano invece presenza di effetto retrocausale.

In questo esempio si osservano valori elevati di differenze delle medie per il soggetto 21 e valori bassi per il soggetto 7.

La tabella di feedback può essere rappresentata anche nel modo seguente:

FASE 1				FASE 2	FASE 3
Presentazione delle immagini e misurazione della frequenza cardiaca				Scelta	Selezione Random
Blu	Verde	Rosso	Giallo	Blu/Verde/Rosso/Giallo	Target: Rosso
					Target
4 secondi	*4 secondi*	*4 secondi*	*4 secondi*		Punteggio: X

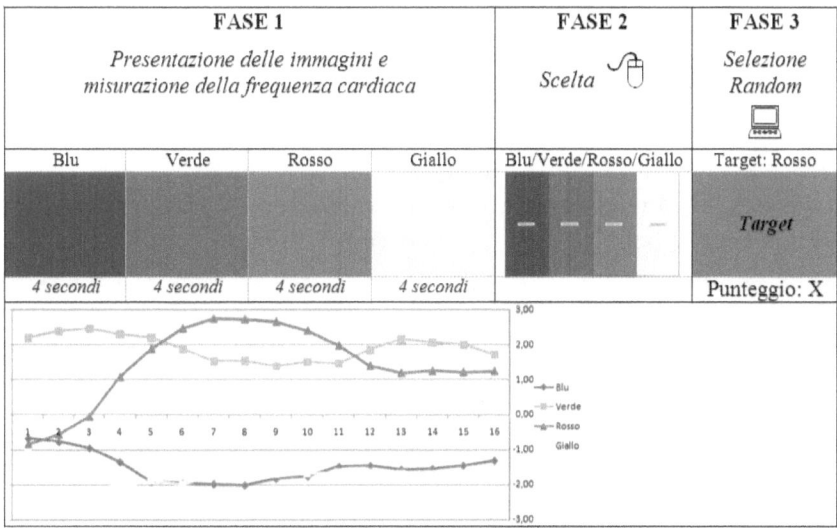

Rappresentazione grafica della tabella di feedback del soggetto n. 21

Dopo queste elaborazioni, la tabella di feedback veniva poi inviata alla sperimentatrice. L'interesse era infatti quello di individuare e controllare le variabili che impedivano all'effetto di manifestarsi. Nei primi 7 soggetti il totale generale dell'effetto era quasi nullo: 4 soggetti presentavano un totale generale pari a zero e 3 inferiore a 15. L'esperimento veniva condotto su un vecchio computer portatile con una bassa luminosità dello schermo. Questo problema era stato individuato e discusso già all'avvio del primo esperimento e, vista l'assenza di risultati nei primi soggetti, si è deciso di sostituire il computer con un portatile nuovo con uno schermo più luminoso.

Una volta apportati questi cambiamenti, si è osservato immediatamente un drastico aumento dei valori nelle tabelle di feedback. Su 23 soggetti, che hanno eseguito l'esperimento con il nuovo computer, 16 presentavano un totale generale superiore a 15, 3 inferiore a 15 e 5 pari a zero. Si è passati così dal 57% dei soggetti che presentavano il totale generale pari a zero al 21% dei soggetti. Si è cercato a questo punto di capire quali altri elementi potessero bloccare l'emersione dell'effetto.

Analizzando le condizioni in cui i 5 soggetti con totale generale pari a zero hanno condotto l'esperimento, si è notato che, oltre alla luminosità dello schermo, tutte le variabili di disturbo che portano ad abbassare l'attenzione del soggetto abbassano anche gli effetti retrocausali che si osservano nella tabella di feedback.

Nella fase di progettazione dell'esperimento non era stata prevista la realizzazione di controlli sul livello di luminosità dello schermo o sul livello di attenzione del soggetto sperimentale. L'importanza di uno schermo ben illuminato e con colori brillanti e dell'assenza di fonti di disturbo che possano abbassare l'attenzione del soggetto sperimentale sono conclusioni a cui si è giunti in base ad osservazioni non sistematiche effettuate al fine di ottimizzare la conduzione dell'esperimento. Queste osservazioni potrebbero costituire la base di futuri esperimenti volti a specificare meglio le condizioni che si devono soddisfare al fine di osservare l'effetto retrocausale.

Nelle tabelle di feedback il totale generale viene calcolato sommando i valori reali (in cui si tiene conto del segno) e non quelli assoluti (in cui il segno viene tolto e il valore è sempre positivo) il totale tende a zero. Una situazione analoga si era osservata già a partire dal primo esperimento: quando si effettuava il confronto tra target e non target prendendo il complesso delle frequenze cardiache, non si osservavano differenze significative, mentre quando il confronto veniva effettuato all'interno dei singoli colori le differenze diventano forti e significative. Inoltre, i soggetti spesso presentavano effetti simmetrici. Anche se prevaleva il gruppo in cui il target blu provoca un aumento della frequenza cardiaca nella fase 1, in molti soggetti l'effetto si presentava in direzione opposta.

Il fatto che la direzionalità degli effetti possa essere opposta e che quindi gli effetti osservati nei singoli soggetti, pur significativi, si sottraggano e cancellino tra di loro, quando l'analisi viene effettuata su più soggetti, pone gravi problemi nell'utilizzo di tutte quelle tecniche statistiche che utilizzano la somma e che quindi richiedono l'additività degli effetti (ad esempio t di Student, ANOVA e in genere tutte le tecniche di statistica parametrica). Negli esperimenti sulle reazioni prestimolo non si ipotizza una direzionalità generale dell'effetto, anzi si ritiene che la direzionalità sia individuale e soggettiva e che possa essere, ad esempio, la conseguenza di fattori legati al vissuto emozionale che ogni singolo soggetto associa ai colori. Effetti non direzionali non sono additivi e, di conseguenza, non è possibile utilizzare tecniche parametriche come la t di Student e l'ANOVA, che richiedono che gli effetti siano additivi. Molto semplicemente, il problema è che operazioni quali la somma e la sottrazione non possono essere effettuate su dati non additivi (non unidirezionali). Per analizzare correttamente i risultati prodotti da questi esperimenti diventa perciò necessario utilizzare tecniche che non richiedano la somma o la sottrazione dei dati. Tecniche di questo tipo sono tutte quelle che si basano sul calcolo delle frequenze. Per questo motivo in questo ultimo esperimento si procederà all'analisi dei dati per mezzo di tecniche di statistica non parametrica, basate sullo studio delle distribuzioni di frequenze. La significatività statistica sarà perciò valutata per mezzo del test del Chi Quadro ($\square$ 2) e del test esatto di Fisher.

Quando l'ipotesi non è unidirezionale, l'utilizzo dell'ANOVA e della t di Student porta a commettere errori di secondo tipo, in cui si rifiuta l'ipotesi alternativa H1 quando questa è vera. Inoltre, è noto che valori quantitativi estremi possono portare a valori di significatività statistiche accidentali ingenerando errori di primo tipo: accettare l'ipotesi H1 quando questa è falsa. L'analisi dei dati per mezzo di distribuzioni di frequenze (Chi Quadrato) esclude questo rischio in quanto tutti i valori all'interno delle classi hanno lo stesso peso, fatto che esclude la possibilità che valori estremi possano portare alla determinazione di una significatività statistica accidentale. L'utilizzo del Chi Quadrato riduce in questo modo considerevolmente il rischio di errori di primo e di secondo tipo; inoltre, trattandosi di una tecnica non parametrica, non presuppone condizioni quali la normalità della distribuzione o l'additività degli effetti e può perciò essere utilizzata in qualsiasi circostanza, sia su dati quantitativi come su dati qualitativi.

Per l'effetto retrocausale le analisi dei dati sono state condotte studiando come le differenze riportate nelle tabelle di feedback retrocausale si distribuiscono. Le tabelle di feedback sono state calcolate per ogni soggetto. Ogni valore all'interno della tabella di feedback è associato al colore, al numero di frequenza cardiaca (HR), numero del soggetto e gruppo di trial: primi 33 trial (partendo dal secondo trial) successivi 33 e ultimi 33 trial .

Per l'effetto apprendimento le analisi dei dati vengono condotte studiando come le differenze dei valori medi delle frequenze cardiache si distribuiscono in associazione alle scelte operate dai soggetti (fase 2). Le tabelle di feedback dell'effetto apprendimento sono state calcolate per ogni soggetto e per gruppi di trial (primi 33 trial, successivi 33 trial e ultimi 33 trial) e riportano, per ciascuna delle 16 frequenze cardiache misurate nella fase 1, la differenza dei valori medi delle frequenze cardiache a seconda della scelta fortunata, sfortunata o neutra del soggetto operata nella fase 2.

Differenza delle frequenze cardiache (fase 1) a seconda della scelta del soggetto (fase 2)						
Soggetto 20 - nei primi 33 trial				Soggetto 20 - negli ultimi 33 trial		
Scelta:	Neutra	Fortun ata	Sfortun ata	Scelta:	Neutra	Fortuna ta	Sfortuna ta
HR 1:	-1,857	1,597	0,800	HR 1:	-0,202	3,143	-1,591
HR 2:	-1,790	1,472	0,845	HR 2:	1,136	2,507	-2,727
HR 3:	-1,070	0,722	0,675	HR 3:	1,283	2,300	-2,773
HR 4:	-0,412	0,167	0,380	HR 4:	1,577	2,121	-3,000
HR 5:	-0,055	0,181	-0,120	HR 5:	1,375	1,729	-2,545
HR 6:	0,283	0,306	-0,715	HR 6:	1,515	0,907	-2,227
HR 7:	0,577	0,056	-0,845	HR 7:	1,768	0,414	-2,227
HR 8:	0,706	0,194	-1,170	HR 8:	1,783	-0,479	-1,727
HR 9:	0,044	1,139	-1,290	HR 9:	1,669	-0,807	-1,409
HR 10:	-0,673	1,194	-0,375	HR 10:	1,915	-1,443	-1,318
HR 11:	-1,033	0,958	0,370	HR 11:	2,353	-2,136	-1,409
HR 12:	-0,912	0,500	0,700	HR 12:	2,599	-3,243	-1,045
HR 13:	-0,790	0,042	1,030	HR 13:	3,206	-3,714	-1,455
HR 14:	-0,614	-0,139	0,985	HR 14:	3,801	-4,871	-1,455
HR 15:	-0,070	-0,403	0,530	HR 15:	3,423	-4,921	-1,000
HR 16:	0,713	-0,736	-0,175	HR 16:	2,941	-4,143	-0,909
Totale generale: 5,244				Totale generale: 128,018			

Tabelle di feedback dell'effetto apprendimento. L'effetto apprendimento è stato valutato per mezzo delle differenze medie delle frequenze cardiache misurate nella fase 1 in associazione con la scelta operata dal soggetto sperimentale nella fase 2

Le 16 righe contrassegnate con HR (Heart Rate: frequenza cardiaca) indicano le 16 frequenze cardiache rilevate in ciascun trial nella fase 1. Ogni sessione sperimentale comprendeva 100 trial, ci sono perciò per ogni soggetto sperimentale 100 misure per l'HR 1, 100 per l'HR 2... e 100 per l'HR 16.

E' possibile perciò, per ogni HR, calcolare la differenza delle medie a seconda della scelta che il soggetto opera nella fase 2: neutra, fortunata e sfortunata. Valori bassi nelle differenze delle medie indicano assenza di effetto apprendimento, valori alti indicano invece presenza di effetto apprendimento. In questo esempio viene confrontato lo stesso soggetto nella prima (primi 33 trial) e ultima parte (ultimi 33 trial) dell'esperimento.

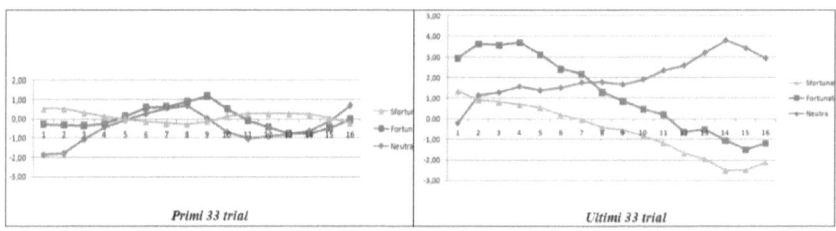

Rappresentazione grafica della tabella di feedback dell'effetto apprendimento (dati della tabella precedente)

Leggendo le tabelle associate alla scelta del soggetto si osservano configurazioni nettamente diverse tra i soggetti ed emerge chiaramente la non additività degli effetti. Viene così riconfermato il fatto che l'analisi dei dati deve essere condotta utilizzando tecniche basate sullo studio delle distribuzioni di frequenza e che l'uso di tecniche quali la t di Student e l'ANOVA è improprio.

L'esempio riportato nella tabella sul feedback dell'effetto apprendimento mostra (per il soggetto n. 20) il netto aumento della differenza tra le medie delle frequenze cardiache (fase 1) quando si passa dalla prima parte dell'esperimento (primi 33 trial) all'ultima parte dell'esperimento (ultimi 33 trial).

La tecnica statistica del Chi Quadrato calcola la significatività statistica confrontando le frequenze osservate con quelle attese. A tal proposito è importante premettere che avendo scomposto le tabelle di feedback in sottogruppi (primi 33 trial, successivi 33 trial e ultimi 33 trial), il valore di differenza delle medie di 1,5 non corrisponde più ad una frequenza attesa dell'1% (p<0,01), in quanto le differenze tra medie vengono calcolate su un numero più piccolo di trial (33).

Per questo motivo non si è potuto procedere all'uso del valore teorico dell'1% per il calcolo del Chi Quadro, in quanto questo valore avrebbe portato a sovrastimare le significatività statistiche.

Per avere un valore realistico delle frequenze attese si è dovuto operare in modo "empirico" producendo distribuzioni di frequenza, in assenza di correlazione con la selezione operata dal computer nella fase 3 dell'esperimento.

A tal fine sono stati utilizzati target non correlati (Target NC) con la selezione operata dal computer. Target non correlati possono essere prodotti utilizzando un loop "iterativo", non casuale, dei 4 colori, ripetuto per tutti e 100 i trial.

Questo in quanto:

1) Target generati casualmente (e non iterativamente, come invece è stato fatto in questa analisi dei dati) portano a distribuzioni di riferimento variabili che obbligano ad operare una scelta, soggettiva, tra le varie distribuzioni casuali prodotte. Lo sperimentatore potrebbe a questo punto orientare i risultati scegliendo la distribuzione di frequenze più conveniente al fine di ottenere valori di significatività statistica. Ciò si previene, appunto, scegliendo di utilizzare sequenze iterative di target non correlati.
2) La selezione random dei target operata dal computer nella fase 3 non è correlata, per definizione, con una qualsiasi sequenza regolare di colori.

3) Utilizzando un loop iterativo ogni colore viene estratto esattamente il 25% delle volte, che è la percentuale attesa di estrazione in assenza di effetto.

4) Come si è visto nel capitolo 5, il computer utilizza sempre la stessa sequenza random (che, per questo fatto, è da considerarsi pseudo random). Questa sequenza viene resa random interrogando il clock del computer in base ad intervalli impredicibili, rappresentati in questi esperimenti dai tempi di reazione dei soggetti sperimentali. Ne consegue che utilizzare la sequenza random del computer per la creazione di un riferimento sulla cui base calcolare le frequenze attese, può creare un bias rappresentato da una potenziale correlazione (anche se solo teorica) con la sequenza utilizzata dal computer durante l'esecuzione dell'esperimento, anch'essa random.

Utilizzando, come riferimento per il calcolo delle frequenze attese, il criterio appena descritto dei Target Non Correlati si ottiene la seguente tabella.

Frequenze	Differenze			Totale
	Fino a -1,500	-1,499 a +1,499	+1,500 e oltre	
Osservate	1053 (17,83%)	3680 (63,89%)	1027 (18,28%)	5760 (100%)
Attese	781 (13,56%)	4225 (73,35%)	754 (13,09%)	5760 (100%)

Frequenze osservate e frequenze attese nella distribuzione delle differenze tra medie delle frequenze cardiache rilevate nella fase 1 dell'esperimento in base alla selezione del computer effettuata nella fase 3 (vedi tabella di feedback sull'effetto retrocausale). Chi Quadro = 263,86. Valori del Chi Quadro (gdl 2) superiori a 13,81 corrispondono a p<0,001

Il grafico in tabella visualizza le frequenze osservate e attese riportate nella tabella precedente. Nella prima classe a sinistra, cioè valori di differenza minori di -1,5, si ha una frequenza osservata di 17,83% contro il 13,56% atteso; nella classe centrale (da -1,499 a +1,499) la frequenza osservata è 63,89% contro il 73,35% atteso; nella classe di destra la frequenza osservata è 18,28% contro il 13,09% atteso.

La differenza tra frequenze attese e osservate porta ad un valore del Chi Quadro pari a 263,86 che, confrontato al valore di riferimento pari a 13,81 per p<0,001, risulta essere estremamente significativo.

Non si è potuto utilizzare il test per il calcolo della probabilità esatta di Fisher in quanto questo test richiede tabelle 2x2.

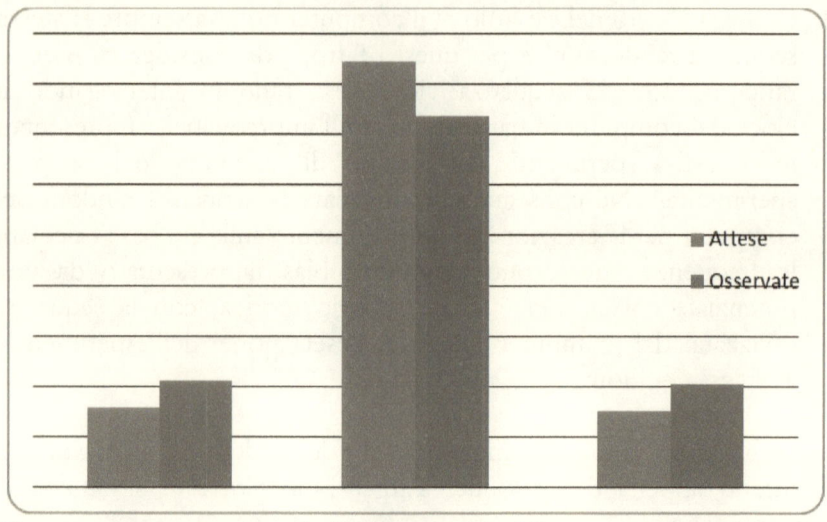

Frequenze attese e osservate nella distribuzione delle differenze tra medie delle frequenze cardiache rilevate nella fase 1 dell'esperimento in base alla selezione del computer effettuata nella fase 3. Chi Quadro = 263,86*** (p<0,001 da valori del Chi Quadro di 13,81 – gdl 2)

E' importante ricordare che, tra i punti non chiari emersi dai primi esperimenti, vi era il fatto che l'effetto retrocausale sembrava manifestarsi in modo privilegiato su determinati colori piuttosto che altri, e che tale effetto addirittura mutava al mutare della sequenza di presentazione dei colori. Per verificare l'ipotesi che tutto ciò potesse nascere in realtà da limiti presenti nell'analisi dei dati, in questo quarto ed ultimo esperimento si è proceduto all'analisi dei dati per mezzo del test del Chi Quadro. L'analisi per mezzo del Chi Quadro mostra l'effetto retrocausale su tutti i colori.

Il motivo per il quale non si osservavano effetti su determinati colori è dovuto al fatto che in alcuni colori (ad esempio i colori giallo e rosso nel primo esperimento) la parte positiva tendeva ad eguagliare quella negativa. Di conseguenza, l'effetto non si poteva evidenziare in quanto la parte a segno negativo e la parte a segno positivo dell'effetto, con la somma, si annullavano a vicenda.

La tabella consente di valutare come si differenzia l'effetto retrocausale tra i colori e, in modo particolare, consente di valutare se lo sbilanciamento osservato per i colori blu e verde è statisticamente significativo. Ad esempio, per il colore blu si osserva il 14% di valori superiori a 1,5, contro il 13,09% atteso in base al target non correlato (Target NC).

Differenze	Colori				Totale tabella	Target N.C.
	Blu	Verde	Rosso	Giallo		
+ 1,500 e oltre	14,0%	22,0%	19,6%	15,7%	17,8%	13,09%
da -1,5 a +1,5	60,7%	64,9%	64,6%	65,3%	63,9%	73,35%
fino a -1,500	25,3%	13,1%	15,8%	19,0%	18,3%	13,56%
	100% (n=1.440)	100% (n=1.440)	100% (n=1.440)	100% (n=1.440)	100% (n=5.760)	100,00%

Distribuzione delle differenze delle medie delle frequenze cardiache per colore selezionato dal computer (fase 3)

Confrontando la distribuzione associata al colore blu con la distribuzione in assenza di effetto (Target NC) si ottiene la tabella che consente di calcolare la significatività statistica dell'effetto retrocausale sul colore blu. La tabella porta ad un Chi Quadro pari a 176,41, $p<1/10^{27}$, dove $/10^{27}$ indica che prima dell'1 vanno inseriti 27 zeri. Si ricorda che per tabelle con due gradi di libertà, valori del Chi quadro superiori a 13,81 sono significativi all'1/1000.

Frequenze	Differenze per il colore blu			Totale
	Fino a -1,500	Da -1,499 a +1,499	Oltre 1,500	
Osservate	364 (25,3%)	874 (60,7%)	202 (14,0%)	1440 (100%)
Attese	196 (13,6%)	1056 (73,3%)	188 (13,1%)	1440 (100%)

Frequenze osservate e frequenze attese nella distribuzione delle differenze tra medie degli HR nella fase 1 dell'esperimento in base alla selezione del computer del colore blu nella fase 3 (vedi tavola 2). Chi Quadro = 176,41. Valori del Chi Quadro (gdl 2) superiori a 13,81 corrispondono a p<0,001. Il valore del Chi Quadro di 176,41 corrisponde ad una stima di $p<1/10^{2}7$, dove $/10^{27}$ indica che prima dell'1 vanno inseriti 27 zeri.

Sul verde l'effetto retrocausale è stimato con un valore del Chi Quadro pari a 102,7.

Frequenze	Differenze per il colore verde			Totale
	Fino a -1,500	Da -1,499 a +1,499	Oltre 1,500	
Osservate	188 (13,1%)	935 (64,9%)	317 (22,0%)	1440 (100%)
Attese	196 (13,6%)	1056 (73,3%)	188 (13,1%)	1440 (100%)

Frequenze osservate e frequenze attese nella distribuzione delle differenze tra medie degli HR nella fase 1 dell'esperimento in base alla selezione del computer del colore verde nella *fase 3 (vedi tavola 2). Chi Quadro = 102,70. Valori del Chi Quadro (gdl 2) superiori a 13,81 corrispondono a p<0,001*

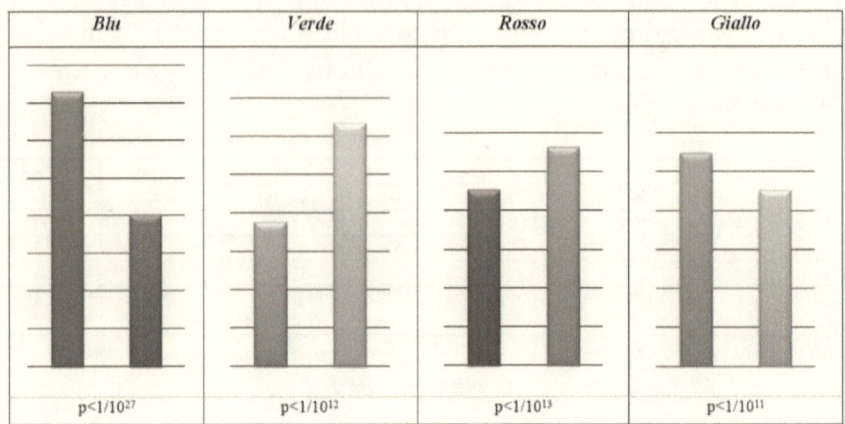

Effetti retrocausali, negativi e positivi, per colore. Mentre per il colore blu è marcato l'effetto con un aumento dei valori delle frequenze cardiache (HR) e nel verde con una diminuzione dei valori, per i colori rosso e giallo l'effetto si distribuisce, in modo più uniforme, sulla parte positiva (aumento dell'HR) e negativa (diminuzione dell'HR) diventando perciò invisibile per la t di Student e l'ANOVA.

La tabella mostra che per i colori blu e verde l'effetto risulta fortemente sbilanciato o sul versante positivo (aumento dell'HR quando il blu è target) o su quello negativo (diminuzione dell'HR quando il verde è target). Questo sbilanciamento fa sì che, sommando assieme le due componenti dell'effetto questo non si annulli completamente, rimanendo perciò visibile anche con tecniche come la t di Student e l'ANOVA. Nel caso dei colori rosso e giallo, la parte negativa dell'effetto e quella positiva tendono ad eguagliarsi. Sommando assieme queste due componenti gli effetti si annullano quindi tra di loro, diventando invisibili a tecniche quali t di Student e ANOVA.

Da ciò discende che l'assenza dell'effetto su determinati colori, osservata nei primi esperimenti, non è altro che una conseguenza della tecnica statistica utilizzata e non di una effettiva assenza dell'effetto.

Analizzando le frequenze attese e quelle osservate delle differenze delle medie degli HR, per il colore rosso e giallo si vede un effetto retrocausale marcato per il colore rosso, con un Chi Quadro pari a 60,62, contro il 13,81 da cui parte la significatività statistica dello 0,001, e un Chi Quadro pari a 56,67 per il colore giallo.

Frequenze	Differenze per il colore rosso			Totale
	Fino a -1,500	Da -1,499 a +1,499	Oltre 1,500	
Osservate	282 (15,8%)	931 (64,6%)	227(19,6%)	1440 (100%)
Attese	196 (13,6%)	1056 (73,3%)	188 (13,1%)	1440 (100%)

Frequenze osservate e frequenze attese nella distribuzione delle differenze tra medie degli HR nella fase 1 dell'esperimento in base alla selezione del computer del colore rosso nella fase 3 (vedi tavola 2). Chi Quadro = 60,62. Valori del Chi Quadro (gdl 2) superiori a 13,81 corrispondono a p<0,001.

Frequenze	Differenze per il colore giallo			Totale
	Fino a -1,500	Da -1,499 a +1,499	Oltre 1,500	
Osservate	274 (19,0%)	940 (65,3%)	226 (15,7%)	1440 (100%)
Attese	196 (13,6%)	1056 (73,3%)	188 (13,1%)	1440 (100%)

Frequenze osservate e frequenze attese nella distribuzione delle differenze tra medie degli HR nella fase 1 dell'esperimento in base alla selezione del computer del colore giallo nella fase 3 (vedi tavola 2). Chi Quadro = 56,67. Valori del Chi Quadro (gdl 2) superiori a 13,81 corrispondono a p<0,001.

Tornando alla tabella generale dei colori si legge nella colonna relativa al colore blu che il 25,3% delle differenze si hanno nel versante negativo, contro il 13,1% per il verde, il 15,8% per il rosso, il 19,0% per il giallo e il 18,3% atteso nella colonna dei totali ed il 13,56 atteso in base al target non correlato. Al fine di utilizzare il test esatto di Fischer le analisi, laddove possibile, vengono effettuate convertendo le tabelle in tabelle 2x2 dove una cella viene confrontata con tutto il resto. Ad esempio, la classe "fino a -1,500" per il colore blu viene confrontata con tutto il resto.

Differenze	Blu	Altri colori	Totale
Fino a -1,500	364 (25,3%)	689 (15,9%)	1053 (18,3%)
Altro	1076 (74,7%)	3631 (84,1%)	4707 (81,7%)
Total	1440 (100%)	4320 (100%)	5760 (100%)

Le differenze negative delle medie per il colore blu vengono qui confrontate, per mezzo di una tabella 2x2, con la distribuzione di tutti gli altri dati. L'uso di tabelle 2x2 consente il calcolo del test esatto di Fisher. Per questa tabella il valore del Chi Quadro è pari a 62,91 e del test esatto di Fisher di p=0,40/10^{14}.

Lo scostamento tra il valore osservato per il colore blu (per differenze negative delle medie dell'HR) e il valore atteso si traduce in un valore del Chi Quadro pari a 62,91 che corrisponde in base al test esatto di Fischer a una $p=0,4/10^{14}$, cioè una probabilità di errore di $p=0,000000000000004$. E' quindi possibile affermare, accettando un rischio di errore praticamente nullo, che nel momento in cui il target è blu (colore selezionato dal computer nella fase 3 dell'esperimento), le frequenze cardiache osservate nella fase 1 sono nettamente inferiori. Al contrario, il colore verde presenta il 22% delle differenze nel versante positivo (sopra il valore 1,5). La differenza tra questo valore e quello atteso porta ad un Chi Quadrato di 22,94 ($p=0,55/10^6$, 1gdl, corrispondente a $p=0,00000055$).

Quando si utilizzano tabelle 2 x 2 i gradi di libertà sono pari a 1. Nel caso del Chi Quadrato con gdl=1 la significatività statistica del 5% inizia con valori uguali o superiori a 3,84, quella dell'1% con valori pari a 6,64, quella dell'1/mille con valori uguali o superiori a 10,83.

E' interessante notare che nonostante il blu ottenga valori fortemente significativi per differenze con segno negativo e il verde per differenze con segno positivo, in entrambi i casi sono presenti soggetti che mostrano l'effetto contrario. Ciò sottolinea di nuovo il fatto che l'effetto studiato non è additivo (tra i soggetti). Utilizzando la t di Student e l'ANOVA si ottengono perciò valori di significatività statistica nettamente inferiore o nulli, rischiando così di commettere un errore di secondo tipo.

- Effetto apprendimento

Secondo l'ipotesi dell'apprendimento, la scelta del soggetto viene preceduta dall'attivazione di parametri psicofisiologici come la conduttanza cutanea (Damasio, 1994) e la frequenza cardiaca. In questo esperimento si ipotizza di osservare un'attivazione della frequenza cardiaca negli ultimi trial piuttosto che nei primi, trattandosi appunto di un effetto apprendimento che necessita di un certo numero di trial per manifestarsi.

In questa sezione l'analisi dei dati viene effettuata sulle tabelle di scelta, cioè quelle tabelle legate alla scelta che il soggetto fa nella fase 2. Un esempio di queste tabelle è riportato all'inizio del capitolo. Le tabelle di scelta riportano le differenze medie delle frequenze cardiache (fase 1) per scelta operata dal soggetto (fase 2).

Nella tabella si prendono in considerazione le differenze delle medie degli HR nella fase 1 in associazione alla tipologia di scelta che il soggetto opera nella fase 2: neutra, fortunata e sfortunata. La classe "+1,5 e oltre" individua la presenza di differenze di tipo positivo, la classe "fino a -1,500" individua la presenza di differenze di tipo negativo, mentre la classe intermedia individua l'assenza di differenze. Le frequenze vengono riportate come percentuali di colonna.

Differenze	Colore scelto dal soggetto			Totale tabella
	Neutro	Fortunato	Sfortunato	
+ 1,500 e oltre	14,0%	16,6%	17,2%	16,0%
da – 1,5 a +1,5	73,5%	66,0%	66,0%	68,5%
fino a -1,500	12,5%	17,4%	16,8%	15,5%
	100% (n=1.440)	100% (n=1.440)	100% (n=1.440)	100% (n=4.320)

Distribuzione delle differenze medie delle frequenze cardiache (fase 1) per caratteristica del colore scelto dal soggetto (fase 2) - Tabella calcolata sul totale dei trial e dei soggetti.

Prima della scelta di colori neutri la distribuzione coincide quasi esattamente con quella attesa in assenza di relazioni (73,5% contro il 73,3% atteso in base al target non correlato), mentre per i colori fortunati e sfortunati si osserva un distanziamento dalla distribuzione attesa in assenza di relazioni, con un Chi Quadro pari a 39,15 ($p<1/10^9$) che mostra l'esistenza di un effetto apprendimento.

Si ricorda che il soggetto può scegliere tra 4 colori di cui 2 sono perfettamente random e vengono perciò indicati come colori neutri, 1 è fortunato e 1 è sfortunato. All'inizio dell'esperimento i soggetti vengono informati che l'estrazione dei colori è casuale. Nel corso dell'esperimento dovrebbero, secondo l'ipotesi sperimentale, apprendere la diversa probabilità di estrazione e ciò si manifesterebbe con una diversa attivazione delle frequenze cardiache nella fase 1 che precede la scelta (fase 2). Il computer seleziona qual è il colore fortunato, quello sfortunato e quelli neutri secondo una procedura random all'avvio dell'esperimento. Nessuno prima o durante l'esecuzione dell'esperimento è a conoscenza di quale sia il colore fortunato e quale il colore sfortunato, solo al termine dell'esperimento queste informazioni vengono salvate nel file dati e possono essere conosciute. L'ipotesi è che l'effetto debba aumentare al progredire dell'esperimento e che, quindi, debba essere particolarmente forte negli ultimi trial.

Confrontando le colonne della tabella con la distribuzione attesa in assenza di relazione si osserva la presenza di un effetto apprendimento già nei primi 33 trial, che si discostano dalla distribuzione attesa in assenza di relazione (in base al criterio del target non correlato); in questo caso il Chi Quadro è pari a 11,53 significativo appena all'1/mille. Nella parte intermedia, invece la distribuzione non si discosta da quella attesa, mostrando l'assenza di un effetto apprendimento nella parte intermedia dell'esperimento. Negli ultimi 33 trial la distribuzione si discosta in modo notevole, con un Chi Quadro pari a 89,77 che corrisponde ad un valore di probabilità $p < 1/10^{22}$. In altre parole, è soprattutto nell'ultima parte dell'esperimento che l'effetto apprendimento risulta essere fortemente significativo.

Differenze	Trial			Totale
(*in valori assoluti*)	2-34	35-67	68-100	tabella
Fino a 1,499	69,4%	73,8%	62,3%	68,5%
Da 1,500 in poi	30,6%	26,2%	37,7%	31,5%
	100% (n=1.440)	100% (n=1.440)	100% (n=1.440)	100% (n=4.320)

Distribuzioni delle differenze medie delle frequenze cardiache (fase 1) per scelta operata dal soggetto (fase 2) divisa per gruppi di trial

Le differenze significative delle frequenze cardiache passano dal 30,6% nei primi 33 trial, per scendere al 26,2% e risalire al 37,7% negli ultimi trial. Le frequenze attese in assenza di affetto sono il 26,7%. E' importante notare che quando si confrontano le frequenze osservate degli ultimi 33 trial con il metodo del target non correlato, si ottiene un valore del Chi Quadro di 89,77 pari ad una significatività statistica di $p < 1/10^{22}$; quando si confrontano le frequenze osservate con le frequenze attese calcolate tramite i totali della tabella si ottiene un Chi Quadrato di 44,01 ($p < 0,23/10^9$, 1 gdl, uguale a $p = 0,00000000023$). In definitiva, comunque si analizzano i dati (usando come riferimento i totali della tabella o la distribuzione prodotta dai target non correlati), emerge un forte e significativo incremento delle differenze delle frequenze cardiache negli ultimi trial, in perfetto accordo con l'ipotesi dell'apprendimento. Questo effetto si manifesta come attivazione delle frequenze cardiache prima di operare la scelta del colore fortunato o sfortunato rispetto ai colori neutri.

La tabella seguente tratta unicamente gli ultimi 33 trial dell'esperimento. Si nota che l'effetto, prima della scelta del colore fortunato e del colore sfortunato è nettamente aumentato, rispetto alla tabella precedente, passando nel primo caso dal 17,4% al 23,1% e nel secondo caso dal 17,2 al 24%.

| Differenze | Colore scelto dal soggetto | | | Totale |
	Neutro	Fortunato	Sfortunato	tabella
+ 1,500 e oltre	15,8%	19,2%	24,0%	19,6%
da – 1,499 a +1,499	68,4%	57,7%	60,8%	62,3%
fino a -1,500	15,8%	23,1%	15,2%	18,1%
	100% (n=480)	100% (n=480)	100% (n=480)	100% (n=1.440)

Distribuzione delle differenze medie delle frequenze cardiache (fase 1) per caratteristica del colore scelto dal soggetto (fase 2). Tabella calcolata rispetto all'ultimo gruppo di 33 trial, per il complesso dei soggetti.

Si osserva una polarizzazione degli effetti con frequenze cardiache più basse prima di scegliere il colore fortunato e frequenze cardiache più elevate prima di scegliere il colore sfortunato. Questo dato è coerente con le evidenze riportate da Damasio (1994)

Anche qui vale la considerazione fatta in precedenza: i soggetti mostrano spesso effetti tra loro simmetrici che, seppure coerenti all'interno del singolo soggetto, sono spesso opposti tra i vari soggetti. Quando questi effetti vengono sommati assieme, come accade nel caso di analisi effettuate con la t di Student o l'ANOVA, gli effetti simmetrici invece di sommarsi si sottraggono tra loro portando ad annullare il risultato generale e impedendo così di vedere l'effetto.

- Interazione tra effetto retrocausale ed effetto apprendimento

In questa sezione l'analisi dei dati viene effettuata nuovamente sulle tabelle di feedback dell'effetto retrocausale. La tabella successiva è suddivisa per gruppi di trial: primi 33 trial, successivi 33 trial e ultimi 33 trial.

Nei primi 33 trial il 59,6% delle differenze nelle medie delle frequenze cardiache tra target e non target sono inferiori a 1,5 contro il 63,9% atteso in base alla colonna del totale, o 73,3% in base al metodo dei target non correlati, mentre nei successivi 33 trial si osserva il 70,8% di differenze inferiori a 1,5 contro il 63,9% atteso (o 73,3%). In modo speculare, nei primi 33 trial il 40,4% di differenze delle medie delle frequenze cardiache sono superiori a 1,5 contro il 36,1% atteso in base al totale della tabella (o il 26,7% atteso in base ai target non correlati), nei 33 trial intermedi si osserva il 29,2% contro il 36,1% (o 26,7%) atteso e negli ultimi 33 trial si osserva il 38,8% contro il 36,1% (o 26,7%) atteso.

Differenze	Trial			Totale
(*in valori assoluti*)	2-34	35-67	68-100	
Fino a 1,499	59,6%	70,8%	61,2%	63,9%
Da 1,500 in poi	40,4%	29,2%	38,8%	36,1%
	100% (n=1.920)	100% (n=1.920)	100% (n=1.920)	100% (n=5.760)

Distribuzione delle differenze delle medie delle frequenze cardiache (fase 1), per colore selezionato dal computer (fase 3), divise per gruppi di trial.

Considerando solo le prime due colonne della tabella, il passaggio dal 40,4% di differenze delle frequenze cardiache (primi 33 trial) al 29,2% (successivi 33 trial), è associato ad un valore del Chi Quadrato di 53,55 ($p<0,76/10^{13}$, 1 gdl, uguale a p=0,000000000000076), utilizzando come riferimento il totale della tabella. Questo dato consente di affermare, accettando un rischio praticamente nullo, che nei trial intermedi diminuisce l'effetto retrocausale, cioè la differenza osservata tra frequenze cardiache medie quando il colore è target e rispetto a quando non è target. Negli ultimi 33 trial si osserva poi un aumento dell'effetto retrocausale con il 38,8% di differenze significative. Per quest'ultimo passaggio il Chi Quadrato è pari a 39,31 ($p=0,95/10^{10}$, 1 gdl, che corrispondente ad una probabilità p=0,000000000095). In modo analogo si osserva un annullamento dell'effetto apprendimento nei 33 trial intermedi, tabella relativa all'effetto apprendimento.

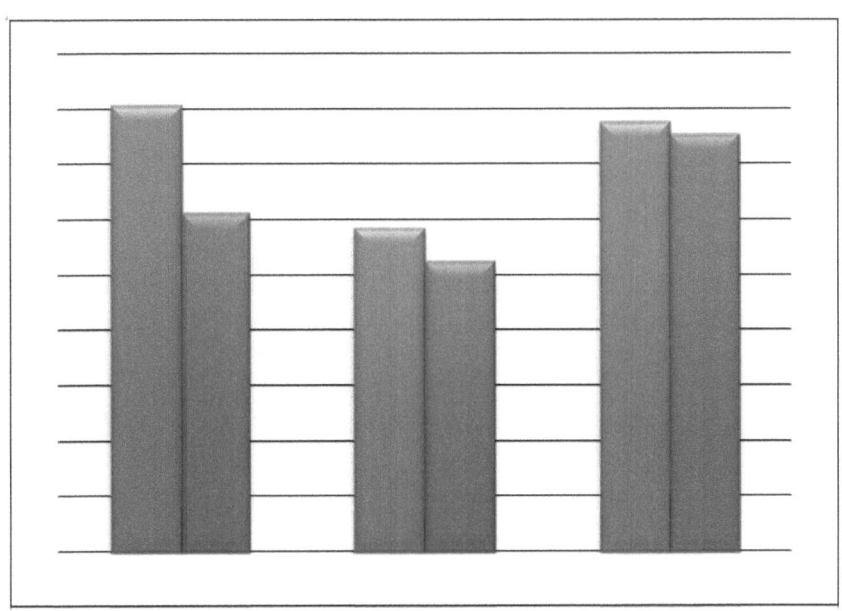

Interazione tra effetto retrocausale e apprendimento La significatività statistica dell'1% inizia con valori di frequenza superiori al 29%

Sia nelle tabelle relative all'effetto apprendimento come nelle tabelle appena riportate, relative all'effetto retrocausale, si osserva la presenza degli effetti retrocausale e apprendimento nei primi trial. Si osserva poi un abbassamento dei due effetti nella fascia intermedia (trial 35-67) e un forte innalzamento di entrambi gli effetti negli ultimi 33 trial. L'effetto apprendimento raggiungeva una significatività di appena l'1 per mille nel primo blocco, nella parte intermedia questa significatività dell'effetto si annulla per coincidere con la frequenza attesa in assenza di relazione per poi risalire negli ultimi 33 trial. L'effetto retrocausale è fortemente significativo nei primi 33 trial, si abbassa nei trial intermedi, ma non si annulla del tutto, per poi risalire negli ultimi 33 trial. Negli ultimi 33 trial sia l'effetto apprendimento, come quello retrocausale risalgono in modo fortemente significativo ($p=0,95/10^{10}$ per l'effetto retrocausale e $p<1/10^{22}$ per l'effetto apprendimento).

Questo andamento suggerisce che nei primi 33 trial inizia ad attivarsi l'effetto apprendimento che però entra in conflitto con quello retrocausale portando entrambi gli effetti ad inibirsi (rimane solo quello retrocausale in modo appena significativo). La diminuzione dell'effetto retrocausale nella fase centrale dell'esperimento non era stata osservata negli esperimenti precedenti e viene, perciò in questo esperimento, attribuita all'introduzione dell'effetto apprendimento che è l'unico elemento di novità. Negli ultimi 33 trial si osserva un aumento fortemente significativo (rispetto ai trial intermedi) sia dell'effetto apprendimento come di quello retrocausale. Ciò suggerisce l'esistenza di una interazione tra l'effetto apprendimento e l'effetto retrocausale. Probabilmente i due effetti manifestano una reciproca inibizione nella fase intermedia dell'esperimento.

La tabella riporta i dati relativi al soggetto con il punteggio di differenza generale più marcato. In questo esempio l'effetto retrocausale è estremamente forte già dall'inizio dell'esperimento (73% contro il 26% atteso utilizzando il metodo dei target non correlati e 56% utilizzando come riferimento il totale della tabella), ma si abbassa drasticamente nella parte intermedia dell'esperimento per poi risalire nella parte finale.

Differenze	Trial			
(in valori assoluti)	2-34	35-67	68-100	Totale
Fino a 1,499	26,6%	67,2%	29,7%	44,0%
Da 1,500 in poi	73,4%	32,8%	70,3%	56,0%
	100% (n=64)	100% (n=64)	100% (n=64)	100% (n=192)

Distribuzione delle differenze delle medie delle frequenze cardiache (fase 1), per colore selezionato dal computer (fase 3), divise per gruppi di trial. Tabella realizzata prendendo in considerazione unicamente il soggetto con il totale generale delle differenze più marcato

E' importante ricordare che l'effetto apprendimento che si osserva a livello di frequenze cardiache, non si traduce in un aumento delle vincite da parte del soggetto. Teoricamente, nel momento in cui il soggetto scopre l'esistenza di un colore più fortunato potrebbe scegliere sempre il colore fortunato, aumentando in questo modo la probabilità delle vincite dal 25% (random) al 35% della scelta fortunata. Ciò, invece, non accade. Se si studia la distribuzione delle vincite, nei primi 33 trial abbiamo il 24,75% delle vincite, nei trial intermedi, nei quali è in corso l'apprendimento, le vincite rimangono praticamente invariate al 24,65%, mentre negli ultimi trial salgono al 25,47%; questo aumento non è statisticamente significativo ed è quindi possibile assimilarlo agli altri valori. E' possibile quindi affermare che nelle tre parti dell'esperimento i soggetti tendono ad indovinare sempre il 25% delle volte. Ciò porta a conclude che l'apprendimento, pur manifestandosi con forti differenze delle frequenze cardiache nell'ultima fase dell'esperimento, non si traduce a livello cognitivo neppure sottoforma di un apprendimento implicito.

- Sintesi dei risultati

Essendo l'analisi dei dati che segue molto dettagliata, si riportano subito i risultati emersi e le relative conclusioni alle quali si è giunti.

I risultati di questo esperimento mostrano:

1) un forte effetto retrocausale sul colore blu con $p<1/10^{27}$, sul colore verde con $p<1/10^{12}$, sul rosso con $p<1/10^{13}$ e sul giallo con $p<1/10^{11}$;
2) uno sbilanciamento dell'effetto retrocausale associato al colore blu (p=0,000000000000040) e verde (p=0,00000055);
3) l'effetto retrocausale sin dai primi 33 trial, come atteso dall'ipotesi retrocausale;
4) un effetto apprendimento della frequenza cardiaca (p=0,00000000023). L'effetto è stato valutato confrontando le frequenze cardiache prima della scelta di un colore fortunato e di un colore sfortunato (scelta operata dal soggetto nella fase 2). E' importante sottolineare che questo effetto si osserva in modo estremamente forte nel terzo e ultimo blocco dell'esperimento, come era atteso, trattandosi di un effetto apprendimento che necessita di un certo numero di trial per manifestarsi;
5) un'interazione tra i due effetti nella fase centrale dell'esperimento in cui l'effetto retrocausale e l'effetto apprendimento si annullano per poi risalire nell'ultima fase dell'esperimento (p=0,00000000000076).

E' importante sottolineare nuovamente che nonostante si osservi un forte effetto apprendimento associato alla frequenza cardiaca questo non si traduce in una strategia vincente da parte dei soggetti sperimentali. In tutti i blocchi di 33 trial i soggetti indovinano mediamente il 25% delle volte (quindi a caso). Il forte apprendimento che si osserva nella misura della frequenza cardiaca non sembra tradursi in alcuna risposta comportamentale osservabile.

9

CONCLUSIONI

9.1 Premessa

Nell'introduzione di La mente cosciente David Chalmers distingue due diversi problemi inerenti lo studio della coscienza:

1. L'*Easy problem*, che comprende tutte quelle spiegazioni della coscienza e dei meccanismi neurali ad essa relati che si basano sui principi della fisica classica, ma che non riescono a dar ragione dell'esperienza soggettiva della coscienza (coscienza fenomenica);
2. L'*Hard problem*, che è relativo alla spiegazione degli aspetti qualitativi e soggettivi dell'esperienza cosciente, che sfuggono ad un'analisi fisicalista e materialista.

Nel primo capitolo del lavoro sono stati descritti in particolare tre modelli della coscienza fondati sui presupposti della fisica classica, e cioè il modello proposto da Antonio Damasio, quello di Gerald Edelman e Giulio Tononi ed, infine, il modello proposto da Francisco Varela. Questi modelli sembrano collocarsi su un continuum localizzazionista: il modello di Damasio cerca di individuare gli specifici siti neurali nei quali è collocata la coscienza, quello di Edelman vede la coscienza come un processo globale coinvolgente tutto il cervello e, infine, il modello di Varela considera la coscienza come una qualità distribuita in tutto l'organismo, in particolare nella sua interazione con l'ambiente.

Terminata l'analisi dei modelli "classici", si è poi passati all'analisi dei modelli quantistici della coscienza, basati su presupposti diversi da quelli della fisica classica. Applicando come criteri di selezione dei modelli quantistici la loro falsificabilità sperimentale e la loro compatibilità con le caratteristiche dei sistemi biologici, si è giunti a selezionare, ai fini della verifica sperimentale, due soli modelli, quello proposto da Luigi Fantappié e quello di Chris King. E' da notare che questi due modelli hanno la peculiarità di unire la meccanica quantistica con la relatività ristretta. L'unione di queste due branche della fisica moderna viene realizzata, matematicamente, attraverso l'equazione di Klein-Gordon:

$$E\psi = \sqrt{p^2 + m^2}\,\psi$$

Questa equazione dipende da una radice quadrata che, come noto, porta sempre ad una duplice soluzione: una positiva, che descrive onde che si propagano dal passato verso il futuro (causalità), e una negativa, che descrive onde che divergono a ritroso nel tempo, dal futuro verso il passato (retrocausalità). Negli anni '30 la soluzione negativa venne rifiutata in quanto ritenuta impossibile, anche se le evidenze sperimentali ne davano continua conferma, a partire dal neg-elettrone ipotizzato da Dirac e la cui esistenza venne sperimentalmente dimostrata nel 1932 da Anderson. Oggi il neg-elettrone è comunemente utilizzato e chiamato positrone.

Il grande matematico Luigi Fantappiè si avventurò nello studio delle proprietà matematiche della soluzione negativa, e all'inizio degli anni '40 giunse all'intuizione che la soluzione positiva è governata dalla legge dell'entropia (dissipazione di energia e morte termica), mentre la soluzione negativa è governata da una legge simmetrica, da lui denominata sintropia, le cui proprietà sono: concentrazione di energia, differenziazione, ordine e organizzazione. Qualche giorno prima del Natale 1941, consultandosi con colleghi biologi, Fantappiè si rese conto che le proprietà matematiche della sintropia coincidevano esattamente con quelle dei sistemi viventi e questa intuizione lo portò a sviluppare un modello semplice, ma eterodosso, della vita.

Ecco di seguito gli elementi fondamentali di tale modello (Fantappiè, 1942, 1955a):

1. L'equazione di Klein-Gordon implica che il tempo sia unitario, cioè che passato, presente e futuro coesistano, almeno al livello della fisica subatomica.
2. A livello del macrocosmo, l'espansione dell'Universo (Frautschi,

1981) implica che la legge dell'entropia prevalga su quella della sintropia, e che il tempo si muova in avanti, nel verso a noi familiare dal passato al futuro.

3. La legge dell'entropia, che tende per definizione al livellamento ed alla distruzione delle strutture, si contrappone alla vita.

4. Vista l'incompatibilità della vita con la legge dell'entropia, cioè con la legge che governa il macrocosmo, Fantappiè suggerisce che la vita possa originare nel microcosmo, al livello della meccanica quantistica, dove la sintropia può prevalere sull'entropia consentendo così la creazione di ordine e strutture.

5. La sintropia porta alla formazione di strutture e di forme d'ordine che crescono rapidamente oltre il livello del microcosmo per entrare nel livello del macrocosmo. Nel macrocosmo prevale però la legge dell'entropia che distrugge qualunque struttura e forma di organizzazione.

6. Di conseguenza, per sopravvivere, per contrastare l'effetto mortale dell'entropia, Fantappiè ipotizza che i sistemi sintropici (i sistemi viventi) debbano alimentarsi continuamente di sintropia (energia che si muove a ritroso nel tempo, dal futuro verso il passato). A tal fine, l'autore ipotizza l'esistenza di strutture che fungono da ponte tra il microcosmo ed il macrocosmo. E' da notare che queste strutture-ponte tra micro e macrocosmo sono state ipotizzate e proposte da molti altri studiosi, tra i quali Eccles (1989), Penrose (1994), Bondi (2005) e Hameroff (2007).

7. Fantappiè ipotizza l'esistenza di una struttura deputata ad "alimentare" di sintropia i processi vitali e rigenerativi dell'organismo, individuando tale struttura nel Sistema Nervoso Autonomo (SNA).

8. Fantappiè giunge ad ipotizzare che i parametri psicofisiologici del SNA (in particolare conduttanza cutanea e frequenza cardiaca) debbano mostrare comportamenti di anticipazione, dal momento che il SNA si alimenterebbe di energia e di onde che si muovono a ritroso nel tempo per sostenere le funzioni vitali.

Nella letteratura scientifica è possibile rinvenire studi che mettono in risalto il ruolo del sistema neurovegetativo nelle risposte anticipate prestimolo. Questi studi danno sostegno all'ipotesi formulata da Luigi Fantappiè. Ad esempio:

1. Risposta anticipata prestimolo nella frequenza cardiaca. Nell'articolo "Heart Rate Differences between Targets and Nontargets in Intuitive Tasks" Tressoldi e collaboratori descrivono esperimenti da loro effettuati che mostrano come la frequenza del battito cardiaco reagisca allo stimolo prima che lo stimolo stesso venga determinato (Tressoldi e coll., 2005).
2. Risposte elettrofisiologiche. McCarty, Atkinson e Bradely in "Electrophysiological Evidence of Intruition" evidenziano forti risposte anticipatorie a stimoli futuri dei parametri elettrofisiologici del cuore (McCarty, Atkinson e Bradely, 2004).
3. Risposta anticipata prestimolo nella conduttanza cutanea. Nel 2003 Spottiswoode e May, nell'ambito del programma di ricerca del Cognitive Science Laboratory, hanno replicato gli esperimenti di Bierman e Radin (Bierman e Radin, 1997) che mostrano un aumento statisticamente significativo della conduttanza cutanea 2-3 secondi prima della presentazione di stimoli a contenuto emotigeno. Spottiswoode e May hanno confermato questi effetti anticipati osservando una significatività statistica con probabilità di errore inferiore a 0,0005 (Spottiswoode e May, 2003).

L'effetto retrocausale emergente dagli studi appena descritti, tuttora oggetto di verifica, si manifesta in modo costante e con elevati indici di significatività statistica; se confermato, esso potrebbe rappresentare una prima verifica in psicologia sperimentale dell'ipotesi avanzata da Luigi Fantappiè, secondo la quale nei sistemi viventi si manifesterebbero risposte anticipate, in quanto tali sistemi sono collegati, per il loro sostentamento ed evoluzione, ad attrattori (cause) collocati nel futuro.

Nello studio realizzato nel 2005, Tressoldi e collaboratori dell'Università di Padova hanno condotto due esperimenti utilizzando un paradigma di guessing task. In ciascun esperimento, a 12 soggetti fu chiesto di tentare di indovinare quale, tra 4 immagini (paesaggi, monumenti, ecc.) presentate in serie su un monitor di computer, sarebbe stata poi estratta come immagine target dal computer stesso. Ogni soggetto fu sottoposto a 20 trial. In ciascun trial, dopo la scelta operata dal soggetto, l'immagine target veniva estratta dal computer attraverso un algoritmo random. La frequenza cardiaca del soggetto veniva registrata durante la presentazione delle 4 immagini. Nel primo esperimento, si osservò un incremento statisticamente significativo della frequenza cardiaca associata alle immagini target, rispetto alle immagini non target. Questi risultati furono successivamente confermati in un secondo esperimento condotto reclutando altri 12 soggetti.

Il trial tipico utilizzato nei 4 esperimenti condotti durante il secondo e terzo anno di dottorato sulle seguenti fasi:

1) *Fase di presentazione*: vengono presentati in sequenza, sul monitor del computer, 4 colori a tutto schermo (blu, verde, rosso e giallo). Ogni colore viene presentato per 4 secondi. Il soggetto deve semplicemente guardare i colori e, durante la loro presentazione, la sua frequenza cardiaca viene rilevata ad intervalli fissi di 1 secondo. Per ogni colore si hanno così 4 rilevazioni: una per ogni secondo. La presentazione del colore viene sincronizzata al millesimo di secondo con la rilevazione della frequenza cardiaca. Questa sincronizzazione si effettua facendo precedere l'inizio della sequenza, quando necessario, da una schermata bianca, per il tempo strettamente necessario al fine di realizzare la sincronizzazione. Ogni colore viene, in questo modo, presentato esattamente allo scoccare del secondo.

2) *Fase di scelta*: alla fine della presentazione dei 4 colori viene presentata un'unica immagine formata da 4 barre colorate (blu, verde, rosso e giallo), al centro delle quali è presente un pulsante. Il soggetto deve cliccare il pulsante corrispondente al colore che ritiene sarà successivamente scelto dal computer. Si chiede cioè al soggetto di indovinare il target, cioè il colore che verrà successivamente selezionato dal computer.

3) *Fase di selezione e presentazione del target*: non appena il soggetto ha operato la propria scelta, il computer effettua, grazie ad una procedura perfettamente random (e quindi impredicibile), l'estrazione del colore target e lo visualizza, a tutto schermo, sul monitor del computer (feedback). La presentazione del target agisce da feedback per il soggetto, che viene in questo modo informato circa l'esito del proprio tentativo di indovinare il target.

Secondo l'ipotesi di ricerca, in presenza di retrocausalità si dovrebbe osservare, nella fase di presentazione degli stimoli (fase 1), una differenza statisticamente significativa tra le frequenze cardiache durante la presentazione di stimoli target (quelli che verranno successivamente estratti dal computer nella fase 3) rispetto agli stimoli non target (cioè quelli che non verranno successivamente estratti dal computer).

Sono stati realizzati 4 esperimenti:

Il primo esperimento ha coinvolto 24 soggetti. Per ogni soggetto il trial veniva ripetuto 60 volte. I risultati hanno mostrato forti differenze, statisticamente significative, tra le frequenze cardiache misurate nella fase 1 quando il colore era target rispetto a quando non era target. L'effetto era particolarmente evidente sui colori blu e verde.

Nel secondo esperimento si è voluto rispondere alle seguenti domande, emerse dalle evidenze del primo esperimento:

a. l'effetto retrocausale si osserva solo sui colori blu e verde?
b. L'effetto retrocausale si osserva solo sui colori?
c. L'effetto retrocausale si osserva solo quando il computer visualizza il feedback?

Allo scopo di meglio chiarire i punti appena menzionati, il secondo esperimento è stato organizzato in base a 5 diversi trial: in tre trial la sequenza di presentazione dei colori veniva variata, al fine di rispondere alla prima domanda e indagare se l'effetto si osserva solo sui colori blu e verde; nel quarto trial non veniva visualizzato il feedback, al fine di rispondere alla terza domanda, e quindi indagare se l'effetto retrocausale si osserva solo quando il computer visualizza il feedback; infine, nel quinto trial al posto dei colori venivano utilizzati i numeri in bianco e nero da 1 a 4, al fine di rispondere alla seconda domanda, e cioè indagare se l'effetto si osserva solo sui colori o anche su altri tipi di stimoli. Il secondo esperimento ha visto il reclutamento di 23 soggetti, ed ogni blocco di 5 trial è stato ripetuto 20 volte per ciascun soggetto. I risultati hanno mostrato che: l'effetto non si osserva unicamente sul blu e il verde, ma anche sugli altri colori; l'effetto si osserva anche quando si utilizzano i numeri, e quindi esso può essere veicolato anche da stimoli diversi dai colori;

l'effetto è assente quando il computer, pur scegliendo il colore, non lo mostra al soggetto (il feedback viene sostituito da una schermata grigia); infine, l'effetto è più marcato in prossimità del feedback (effetto posizione), cioè quando il colore che sarà poi selezionato come target è collocato nella fase 1 nelle ultime posizioni. In questo secondo esperimento, al fine di verificare l'eventuale esistenza di artefatti statistici sono stati generati, in fase di analisi dei dati, una serie di target non correlati con le scelte reali operate dal computer nella fase 3. Non sono state osservate differenze significative in associazione a tali target, e ciò conferma che i valori di significatività statistica osservati non si sarebbero potuti ottenere come effetto del puro caso.

L'assenza di feedback (schermata grigia) nel secondo esperimento compariva sempre nel quarto trial e ciò poteva costituire un artefatto. Nel terzo esperimento si è quindi deciso di utilizzare sempre la stessa sequenza dei colori in fase 1, randomizzando però la condizione di presenza/assenza del feedback. I risultati mostrano che l'effetto retrocausale della frequenza cardiaca emerge unicamente nelle condizioni in cui viene visualizzato il feedback. Il feedback del computer, cioè la visualizzazione a monitor del colore scelto dal computer nella fase 3 (target), si dimostra perciò essere la causa dell'effetto retrocausale osservabile sulle frequenze cardiache misurate nella fase 1.

Nel quarto esperimento l'ipotesi apprendimento del modello di Damasio è stata studiata assieme all'ipotesi retrocausale. Damasio ha formulato un modello basato su un doppio sistema di elaborazione delle informazioni alla base dei processi decisionali:

1. il sistema conscio, o dichiarativo, che utilizza i processi verbali e del ragionamento per giungere alla formulazione di una decisione;
2. il sistema emozionale, inconscio, non dichiarativo, che utilizza un diverso network neurofisiologico in cui i marcatori somatici, misurabili attraverso la conduttanza cutanea e la frequenza cardiaca, sembrano giocare un ruolo fondamentale.

Tressoldi estende il modello di Damasio introducendo l'ipotesi che i marcatori somatici (segnali emozionali) possano dipendere non solo dall'apprendimento, ma anche da flussi a ritroso dell'informazione.

Damasio non aveva preso in considerazione il fatto che nel gambling task la reazione anticipata, osservata tramite la conduttanza cutanea, potesse essere frutto di una vera e propria anticipazione e non solo di un apprendimento. Il disegno dei suoi esperimenti si basa infatti sempre su regole implicite che impediscono di verificare se la reazione anticipata della conduttanza cutanea sia dovuta a vera e propria anticipazione o ad un effetto apprendimento.

Il disegno sperimentale utilizzato nel quarto esperimento consente di distinguere in modo preciso l'effetto retrocausale di anticipazione da quello di apprendimento. Infatti, quando si osservano differenze nelle frequenze cardiache (nella fase 1) in associazione alla scelta random (impredicibile) del computer che viene effettuata nella fase 3, queste possono essere attribuite unicamente ad un effetto retrocausale; mentre, quando si osservano differenze nelle frequenze cardiache (fase 1) in associazione alla scelta (fortunata/sfortunata) operata dal soggetto nella fase 2, queste possono essere interpretate come effetti di apprendimento.

Il quarto esperimento ha utilizzato, in fase 1, la stessa sequenza di colori del primo esperimento, ma nella terza fase un colore ha una probabilità del 35% di essere estratto (colore fortunato), un altro colore ha una probabilità di essere estratto del 15% (colore sfortunato) e gli ultimi due colori hanno una probabilità di estrazione del 25% ciascuno (colori neutri). L'obiettivo dei soggetti sperimentali è quello di cercare di indovinare il più possibile il target che sarà estratto dal computer. I soggetti non sono stati informati del fatto che i colori hanno diverse probabilità di essere estratti. L'esperimento ha coinvolto 30 soggetti, ogni sessione comprendeva 100 trial ed in ogni trial 16 frequenze cardiache venivano misurate ad intervalli fissi di un secondo nella fase 1. Le ipotesi di ricerca del quarto esperimento sono:

1. si ipotizza nuovamente l'effetto retrocausale sulla frequenza cardiaca in fase 1 in associazione alla scelta impredicibile operata dal computer in fase 3;

2. si ipotizza un effetto apprendimento della frequenza cardiaca in fase 1 in associazione alla scelta che il soggetto opera in fase 2;
3. si vuole studiare se esiste un effetto di interazione tra i due effetti precedenti, in quanto entrambi agiscono sul parametro di frequenza cardiaca.

I risultati del quarto esperimento mostrano:

4. un forte effetto retrocausale su tutti i colori: blu (Chi Quadro 117,63 $p<1/10^{27}$), verde (Chi Quadro 51,99), rosso (Chi Quadro 55,48) e giallo (Chi Quadro 47,48);
5. uno sbilanciamento dell'effetto retrocausale associato al colore blu (p=0,0000000000000040) e verde (p=0,00000055);
6. un forte effetto retrocausale sin dai primi 33 trial, come atteso dall'ipotesi retrocausale;
7. un effetto apprendimento della frequenza cardiaca (p=0,00000000023). L'effetto è stato valutato come differenza tra frequenze cardiache (misurate nella fase 1) a seconda della scelta operata dal soggetto nella fase 2. E' importante sottolineare che questo effetto si osserva in modo estremamente forte nel terzo e ultimo blocco dell'esperimento, come atteso trattandosi di un effetto apprendimento;
8. un'interazione tra effetto apprendimento ed effetto retrocausale nella fase centrale dell'esperimento, nella quale entrambi gli effetti si annullano per poi risalire nell'ultima fase dell'esperimento (p=0,000000000000076).

9.2 Discussione

I risultati appena descritti supportano l'ipotesi formulata da Luigi Fantappiè sulle qualità di anticipazione tipiche dei sistemi viventi e avvalorano l'ipotesi di effetti retrocausali associati al sistema neurovegetativo. I modelli della coscienza proposti da Fantappiè e King, che nascono dalla duplice soluzione dell'equazione di Klein-Gordon (causalità/retrocausalità), pur sovrapponibili per molti aspetti, si differenziano per alcuni elementi significativi.

9.2.1 Modello di Fantappiè

Fantappiè afferma che l'essenza stessa dei sistemi viventi è la sintropia, cioè le onde anticipate, la soluzione negativa dell'energia che descrive onde ed energia che si muovono a ritroso nel tempo, dal futuro verso il passato (Fantappiè, 1942).

Secondo Fantappiè, il sentimento di vita è una proprietà intrinseca della sintropia in quanto le onde anticipate sono convergenti e portano ad assorbire energia ed informazione. Per Fantappiè le onde anticipate agirebbero innanzitutto tramite il sistema nervoso autonomo e prenderebbero la forma di sentimenti ed emozioni (Fantappiè, 1955).

Sviluppando queste considerazioni, il modello di Fantappiè potrebbe risultare non solo compatibile con il modello proposto da Damasio, ma addirittura rappresentarne una ulteriore specificazione. In questo senso, il sentimento di fondo ipotizzato da Damasio coinciderebbe con il sentimento di vita che, secondo Fantappiè, si manifesterebbe nella forma di emozioni e sentimenti, la cui collocazione fisica coinciderebbe con il SNA.

L'unica differenza rispetto alle ipotesi di Damasio è che, applicando il modello di Fantappiè, le emozioni e i sentimenti sarebbero, almeno in parte, anche il risultato di stati futuri.

Nelle sue osservazioni cliniche, Damasio ha costantemente riscontrato l'importanza del futuro: "*i ricordi del futuro, previsti per un momento che potrebbe arrivare, hanno in ogni istante un grande peso nel sé autobiografico. I ricordi degli scenari che concepiamo come desideri, obiettivi e obblighi esercitano in ogni momento una pressione sul sé*" (Damasio, 1999); "*I soggetti colpiti da deficit nell'attività decisoria mostrano un comportamento che si potrebbe descrivere come miopia rispetto al futuro*" (Damasio, 1994).

9.2.2 Modello di King

Chris King (1996), come Fantappiè, parte dalla duplice soluzione dell'equazione di Klein-Gordon. Secondo King, ogni cellula e processo biologico sarebbero obbligati a scegliere tra informazioni che vengono dal passato (onde divergenti, emettitori-entropia) e informazioni che vengono dal futuro (onde convergenti, assorbitori-sintropia).

Ad esempio, il metabolismo si distingue in:

1. processi sintropici: anabolismo che comprende tutto l'insieme dei processi di sintesi o bioformazione delle molecole organiche (biomolecole) più complesse da quelle più semplici o dalle sostanze nutritive;
2. processi entropici: catabolismo che comprende i processi che hanno come prodotti sostanze strutturalmente più semplici e povere di energia, liberando quella in eccesso sotto forma di energia chimica (ATP) ed energia termica.

Come conseguenza di tutto ciò, il modello suggerisce che a livello macroscopico, proprio a causa di questi processi costanti di scelta, i sistemi biologici debbano presentare costantemente caratteristiche caotiche.

Nel 1963 il meteorologo E. Lorenz scoprì l'esistenza di sistemi caotici sensibili, in ogni punto del loro moto, a piccole variazioni. Ad esempio, studiando al computer un semplice modello matematico dei fenomeni meteorologici, si accorse che con una piccola variazione delle condizioni iniziali si produceva uno "stato caotico" che si amplificava e che rendeva impossibile ogni previsione. Analizzando questo sistema che si comportava in modo così imprevedibile, Lorenz scoprì l'esistenza di un attrattore che venne poi chiamato "attrattore caotico di Lorenz": questo attrattore porta le perturbazioni microscopiche ad essere enormemente amplificate e ad interferire con il comportamento macroscopico del sistema. Lorenz stesso descrisse questa situazione con la celebre frase: "il battito d'ali di una farfalla in Amazzonia può provocare un uragano negli Stati Uniti".

Secondo King, di questo apparente caos si alimentano i processi della coscienza che sono fondamentalmente di tipo sintropico e quindi non riproducibili in laboratorio o grazie a tecniche computazionali.

 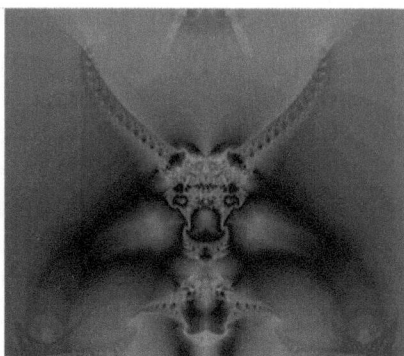

Immagini tratte dal sito: http://fractalarts.com/. E' notevole la somiglianza di queste immagini frattali con le strutture cerebrali.

Inserendo nei sistemi "caotici" degli attrattori (sintropia) si generano, come mostrato da Mandelbrot, figure complesse e allo stesso tempo ordinate note come frattali. La geometria frattale sta affascinando molti ricercatori a causa della similarità che alcune di queste figure hanno con l'organizzazione dei sistemi viventi. Infatti, in natura moltissime strutture richiamano la geometria frattale: il profilo delle foglie, lo sviluppo dei coralli, la forma del cervello e le diramazioni dendritiche.

E' straordinaria la quantità di strutture frattali osservabili all'interno del corpo umano, ad esempio:

1) le arterie e le vene coronariche presentano ramificazioni di tipo frattale. I vasi principali si ramificano in una serie di vasi più piccoli che, a loro volta, si ramificano in vasi di calibro ancora più ridotto. Sembra, inoltre, che queste strutture frattali abbiano un ruolo vitale nella meccanica della contrazione e nella conduzione dello stimolo elettrico eccitatorio: l'analisi spettrale della frequenza cardiaca mostra che il battito normale è caratterizzato da un ampio spettro che ricorda una situazione caotica;

2) anche i neuroni presentano strutture simili ai frattali: se si esaminano a basso ingrandimento si possono osservare

ramificazioni asimmetriche (i dendriti) connesse con i corpi cellulari, a ingrandimento leggermente superiore si osservano ramificazioni più piccole a partire da quelle più grandi e così via;
3) le vie aeree polmonari ricordano i frattali. Bronchi e bronchioli formano un albero con ramificazioni multiple, la cui configurazione si presenta simile sia ad alto che a basso ingrandimento. Misurando i diametri dei diversi ordini di ramificazione, si è appurato che l'albero bronchiale può essere descritto con la geometria frattale.

Queste osservazioni hanno portato ad ipotizzare che l'organizzazione e l'evoluzione dei sistemi viventi (tessuti, sistema nervoso, ecc.) possa essere guidata da una serie di attrattori, in modo analogo a quanto avviene nella geometria frattale.

L'esistenza di processi non-locali è una delle qualità base dell'inversione della freccia del tempo e, se il modello della sintropia è corretto, deve essere intesa come una qualità base dei sistemi viventi. Di conseguenza, sarebbe inevitabile concludere che la non-località debba essere una qualità dei processi biologici in quanto tali. In quest'ottica, i processi cerebrali dovrebbero presentare la co-presenza di caos e ordine (caratteristiche tipiche dei processi non-locali e degli attrattori/sintropia): il caos nasce dal fatto che si attiverebbero processi non meccanici, indeterminati, mentre l'ordine nascerebbe dal fatto che i sistemi sintropici, attraverso l'azione degli attrattori, andrebbero inevitabilmente verso una riduzione dell'entropia e un aumento della differenziazione e dell'organizzazione. Questo fatto è particolarmente evidente nei processi cerebrali, processi nei quali coesistono caos, complessità e ordine. A questo proposito King afferma che

"l'interazione tra cause che non sono tra loro contigue si manifesta sotto forma di un'apparente situazione caotica che può quindi essere studiata solo da un punto di vista probabilistico. In altre parole, i processi caotici che si osservano nel sistema nervoso possono essere il risultato di un comportamento apparentemente casuale di tipo probabilistico, in quanto non è locale sia nello spazio come nel tempo stesso. Ciò potrebbe, ad esempio, consentire ad una rete neurale di connettersi a livello sub-quantico con situazioni non-locali nello spazio e nel tempo, e quindi spiegare il motivo per cui i comportamenti risultino attualmente non determinabili per

mezzo delle tecniche classiche computazionali. L'interazione quantica renderebbe le reti neurali analoghe ad assorbitori e trasmettitori di particelle e di anti-particelle." (King, 1996a).

9.2.3 Differenziazione dai modelli computazionali

Secondo Fantappiè, il "sentimento di vita" è una proprietà delle onde anticipate; secondo King, la coscienza emerge dall'esercizio del libero arbitrio, cioè dalla necessità di dover scegliere tra informazioni provenienti dal passato e informazioni provenienti dal futuro. In entrambi i casi, il sentimento di vita e la coscienza discendono dall'allargamento del modello alla soluzione negativa dell'energia. Secondo questo approccio, nessun modello che sia basato nelle sue spiegazioni unicamente sulla soluzione positiva dell'energia, come ad esempio i sistemi computazionali o meccanici, potrà mai dar ragione dell'esperienza soggettiva del sentimento di vita e, in generale, dei cosiddetti qualia, cioè degli aspetti qualitativi delle esperienze coscienti.

La legge della sintropia, con le sue proprietà coesive e unitarie, oltre ad offrire un modello interessante per tentare una spiegazione del sentimento di vita, della coscienza e delle esperienze soggettive, consente di intravedere possibili spiegazioni anche in campi quali il binding, l'integrazione percettiva, l'intuizione ed, in generale, il comportamento umano (inteso come lotta contro gli effetti della legge dell'entropia), contribuendo alla comprensione di fenomeni attualmente rimasti inesplicati applicando un approccio computazionale. Ad esempio:

1. Eliano Pessa, astrofisico, professore di psicologia generale presso l'Università di Pavia: "come è possibile che i processi di percezione visiva negli essere umani siano così rapidi se ognuno di essi implica un così gran numero di operazioni e fasi differenti? Come è possibile che, salvo casi particolari, gli esseri umani effettuino riconoscimenti corretti, nonostante l'elevata probabilità che, in una catena di elaborazioni così complessa, in cui ogni fase dipende in modo cruciale dai risultati ottenuti nella precedente, si verifichi un errore che fatalmente comprometterebbe il

funzionamento corretto dell'intero processo? L'approccio computazionale non offre risposte a queste domande" (Pessa, 1992).

2. Gigerenzer, ricercatore in scienze cognitive del Max Planck Institut: "quando un giocatore di baseball prende una palla dovrebbe, secondo l'approccio computazionale, risolvere un problema complesso di equazioni differenziali: calcolare la traiettoria della palla, la parabola, stimare la distanza iniziale, la velocità iniziale, l'angolo di lancio, la velocità e la direzione del vento in ogni punto, ed effettuare tutti questi calcoli in pochi secondi da quando la palla è stata lanciata. Il cervello si comporta come se avesse risolto in pochi istanti un insieme di equazioni differenziali, di cui non conosce parte delle informazioni, ma questo senza inficiare la sua abilità nel gioco. Se si chiede ad un professionista di baseball come fa a prendere una palla al volo in genere dirà di non averci mai pensato." Gli allenatori sanno che le scelte migliori vengono operate in modo intuitivo e che quando si chiede ai giocatori di utilizzare procedure cognitive inevitabilmente sbagliano (Gigerenzer, 2009).

3. Il biologo Rosen, nel suo libro "Anticipatory systems" individua, come caratteristica fondamentale del mondo biologico, la capacità di anticipare gli eventi: "E' evidente che la caratteristica più peculiare dei sistemi viventi è la dipendenza da stati futuri e non solo da stati passati" e giunge alla conclusione che questa capacità, che tutti i biologi rinvengono, non può essere ricondotta a processi computazionali o a modelli predittivi (Rosen, 1985).

4. Damasio, nell'Errore di Cartesio, evidenzia il ruolo delle emozioni nei processi decisionali e il fatto che nel momento in cui i vissuti emozionali non vengono percepiti, ad esempio a causa di lesioni cerebrali, la persona sviluppa deficit decisionali. Damasio utilizza l'espressione "miopia rispetto al futuro" per descrivere i deficit decisionali che emergono nel momento in cui la persona non è in grado di percepire i propri vissuti emozionali. Esiste oggi una letteratura ampia che collega le sensazioni viscerali ai processi decisionali e che evidenzia come alcune delle migliori decisioni vengano guidate proprio dalle sensazioni viscerali.

La legge della sintropia amplia il concetto di causalità,

aggiungendo alle cause classiche che provengono dal passato anche cause che fluiscono a ritroso nel tempo, dal futuro verso il passato. I risultati sperimentali emersi da questo lavoro di ricerca suggeriscono che la legge della sintropia è reale. Questi risultati sono stati replicati da ricercatori indipendente. Le conseguenze sono sconvolgenti non solo nel campo della fisica, ma anche della biologia, della psicologia e dello studio della coscienza in particolare.

BIBLIOGRAFIA

Amir D. Aczel (2004) Entanglement: il più grande mistero della fisica, Raffaello Cortina Editore, Milano 2004;

Anderson C.D. (1932) The apparent existence of easily deflectable positives, Science, 76:238 (1932);

Arcidiacono G. ed S. (1991) Entropia, Sintropia ed Informazione, Di Renzo Editore, Roma 1991;

Armour J.A. (2004) Cardiac neuronal hierarchy in health and disease, American journal of physiology, regulatory, integrative and comparative physiology. Aug. 2004; 287 (2), p. 262-71;

Arndt M. e Zeilinger A. (2005) Probing the limits of the quantum world, PhysicsWorld, Marzo 2005, p. 35-42;

Arntz W., Chasse B. e Vincente M. (2006) Bleep, Macro Edizioni, Cesena 2006;

Aspect A. (1982) Experimental Realization of Eintestein-Podolsky-Rosen-Bohm Gedanken-experiment, Physical Review Letters, vol. 49, 91, 1982;

Atmanspacher H., Bishop R. (2002) Between Chance and Choice, Imprint Academic, UK, p. 92.

Baaquie B., Martin F. (2005) Quantum Psyche. Quantum Field Theory of the Human Psyche, NeuroQuantology, Vol 3(1): 7-42;

Baggott J. (2003) Beyond measure, Oxford University Press, p. 171;

Bechara A., Tranel D., Damasio H. e Damasio A.R. (1996) Failure to Respond to Anticipated Future Outcomes Following Damage to Prefrontal Cortex, Cerebral Cortex, 1996, vol. 6, no. 2, p. 215;

Bechara A., Damasio H., Tranel D. e Damasio A.R. (1997) Deciding Advantageously before Knowing the Advantageous Strategy, Science, 1997, vol. 275, p. 1293;

Bechara A., Damasio H., Tranel D. e Damasio A.R. (2005) The Iowa Gambling Task and the somatic marker hypothesis: some questions and answers, Trends in Cognitive Sciences, vol. 9: 4,

April 2005;

Bierman D.J. e Radin D.I. (1997) Anomalous anticipatory response on randomized future conditions. Perceptual and Motr Skills, 84, 689-690;

Blanchard E.B., Wulfert E., Freidenberg B.M., et al. (2000) Psychophysiological Assessment of Compulsive Gamblers' Arousal to Gambling Cues: A Pilot Study, Appl. Psychophysiol. Biofeedback, 2000, vol. 25, no. 3, p. 155;

Bohm D. (1980) Wholeness and the implicate order, Routledge, Oxford 1980;

Bohm D. e Hiley B.J. (1993), The Undivided Universe, Routledge, London, p. 275-276;

Bondi M. (1998) The role of synaptic junctions in the identification of human consciousness. Biology Forum, Vol. 91: 329-334;

Bondi M. (2005) Quantum Electrodynamics and Unified Synaptic Channel in the identification of Consciousness, NeuroQuantology, Vol. 3(2): 119-133;

Capra F. (1992) Il punto di svolta, Feltrinelli, Milano 1992;

Cattell R.B. (1976) The scientific use of factor analysis in behavioural and life sciences, Plenum Press, New York 1976;

Chalmers D. (1995) Facing up to the Problem of Consciousness, in Journal of Consciousness Studies, 1995, 2, 3, pag. 201;

Chalmers D. (1996) La mente cosciente, McGraw-Hill Italia, Milano 1996;

Cleeremans A. (2003) Implicit Learning, Encyclopedia of Cognitive Science, Nature Publishing, London 2003;

Corbucci M., Iacarelli G. e Cavalieri G. (2005), Il trasmettitore a SPIN, Scienza e Conoscenza, novembre 2005, p. 16-21.

Cramer J.G. (1986) The Transactional Interpretation of Quantum Mechanics, Reviews of Modern Physics, Vol. 58: 647-688;

Cramer J.G. (2006) What's done is done… or is it?, New Scientist, 30 September 2006, pp. 6-10;

Culbertson J. (1963) The minds of robots, University of Illinois Press 1963;

Culbertson J. (1976) Sensations, memories and the flow of time, Cromwell Press, Trowbridge, UK 1976;

Damasio A.R. (1994) L'errore di Cartesio, Adelphi, Milano 1994;

Damasio A.R. (1999) Emozione e Coscienza, Adelphi, Milano 1999;

De Beauregard O. (1953) Comptes Rendus 236, 1632-1634;

De Beauregard O.C. (1957), Théorie synthetique de la relatività restrinte et des quanta, Gauthier – Villars, Paris 1957 ;

De Beauregard C. (1977) Time Symmetry and the Einstein Paradox, Il Nuovo Cimento (42B);

Dummett M. (1954) Can an Effect Precede its Cause, Proceedings of the Aristotelian Society (Supp. 28);

Eccles J.C. (1970), Facing reality, Springer, New York 1970;

Eccles J.C. (1989) Evolution of the brain, Routledge, Oxford 1989;

Eccles J.C. (1994) The self and its brain, Springer, Berlin, Germany 1994;

Eddignton A. (1927) The Nature of the Physical world, Ann Arbor Paperbacks, University of Michigan Press, Ann Arbor 1958;

Eddington A. (1935) New Pathways in Science. Cambridge Univ. Press 1935;

Edelman G.M. e Tononi G (2000) Un universo di coscienza, Einaudi, Torino, 2000;

Einstein A. (1916) Relatività, esposizione divulgativa, Universale Bollati Boringhieri, Torino 1967;

Ercolani A.P., Areni A. e Leone L. (2002) Statistica per la psicologia. Statistica inferenziale e analisi dei dati, Il Mulino, Bologna 2002;

Fantappiè L. (1942) Sull'interpretazione dei potenziali anticipati della meccanica ondulatoria e su un principio di finalità che ne discende. Rend. Acc. D'Italia, n. 7, vol 4;

Fantappiè L. (1943) Teoria unitaria de la causalidad y findalidad en los fenomenos fisicos y biologicos, fundata en la mecanica ondulatoria y relativista. Rev. Mat. Hispano-Americana, s. 4, t. 3;

Fantappiè L. (1944a) Principi di una teoria unitaria del mondo fisico e biologico. Humanitas Nova, Roma 1944;

Fantappiè L (1944b) Principi di una teoria unitaria del mondo fisico e biologico, Di Renzo Editore, Roma 1991;

Fantappiè L. (1945) La nuova teoria unitaria dei fenomeni naturali. Orientamenti culturali, Roma, vol. I, f. 6, 1945;

Fantappiè L. (1947a) Visione unitaria del mondo e della vita. Conferenza, ed. Studium Christi, Roma 1947;

Fantappiè L. (1947b) Una nuova teoria unitaria, Rec. Responsabilità del Sapere, anno I, f. 1-2, Roma 1947;

Fantappiè L. (1948) Il problema sociale alla luce della nuova teoria unitaria. Responsabilità del Sapere, anno II, f. 9, Roma, 1948;

Fantappiè L. (1955a) Conferenze scelte, Di Renzo Editore, Roma 1993;

Fantappiè L. (1955b) L'eterno nel tempo, Pro Civitate Christiana, Assisi 1955;

Faye J., Scheffler U. e Urchs M. (1994). Logic and Causal Reasoning. Wiley-VCH. ISBN 3050025999;

Feynman R. (1949) The Theory of Positrons, Physical Review 76: 749;

Feynman R. (2001) Meccanica Quantistica, in La fisica di Feynman, Vol.III, Zanichelli, Bologna 2001;

Flanagan B.J. (2003) Multi-Scaling, Quantum Theory, and the Foundations of Perception, NeuroQuantology, Vol. 1(4): 404-427;

Frautschi S. (1982) Entropy in an expanding universe, Science, vol. 217, Aug. 13, 1982, 593-599;

Freeman W. (2000) Come pensa il cervello, Einaudi, Milano 2000;

Fröhlich H. (1968) Long range coherence and energy strorage in biological systems, Int. J. Quantum Chemistry, Vol2: 641-649;

Galileo Galilei (1979) Il Saggiatore, a cura di Libero Sosio, Feltrinelli, Milano 1979;

Gamow G. (1990) Trent'anni che sconvolsero la fisica, Zanichelli, Bologna 1990;

Ghirardi G.C. (2003) Un'occhiata alle carte di Dio, Il Saggiatore, Milano 2003;

Gigerenzer G (2009) Decisioni Intuitive, Raffaello Cortina Editore, Milano 2009;

Gribbin J. (2004) Q come Quanto: dizionario enciclopedico illustrato di fisica quantistica, Macro Edizioni, Cesena 2004;

Hameroff, S.R. (1982) e Watt R.C., Information processing in microtubules, J. Theor. Biol., 98:549-561;

Hameroff S.R., Penrose R. (1995) Orchestrated reduction of quantum coherence in brain microtubules: A model for consciousness. Neural Network World, Vol. 5(5): 793-804;

Hameroff S. (1998) Quantum computation in brain microtubules: the Penrose-Hameroff model of consciousness, Phil. Trans. R. Soc. Lond Vol. 356: 1869-1896;

Hameroff S. (1998) Consciousness, the brain and spacetime geometry, in The Annals of the New York Accademy of Sciences, Special Issue Cajal and Consciousness;

Hameroff S., Penrose R. (2003) Conscious events as orchestrated space-time selections, NeuroQuantology, Vol. 1(1): 10-35;

Hameroff S. (2007) Orchestrated reduction of quantum coherence in brain microtubules, NeuroQuantology, Vol. 5(1): 1-8;

Hari S. (2008) Eccles's Psychons Could be Zero-Energy Tachyons, NeuroQuantology, Vol. 6(2): 152-160;

Herbert N. (1987) Quantum Reality: Beyond the New Physics, American Journal of Physics, Vol. 55(5): 478-479;

Herzog T. J. et al. (1995) Complementarity and the Quantum Eraser, Physics Review Letters 75 (17): 3034–3037;

Hu H. e Wu M. (2004) Spin as Primordial Self-Referential Process Driving Quantum mechanics, Spacetime Dynamics and Consciousness, NeuroQuantology, Vol. 2 (1): 41-49;

Ioannidis J.P.A. (2005), Contradicted and Initially Stronger Effects in Highly Cited Clinical Research, JAMA. 2005; 294: 218-228;

Jahn R. e Dunne B. (1997) Science of Subjective, Journal of Scientific Exploration, Vol. 11, No. 2, pp. 201–224, 1997;

James S., Spottiswoode P. e May C. (2003) Skin Conductance Prestimulus Response: Analyses, Artifacts and a Pilot Study, Journal of Scientific Exploration, Vol. 17, No. 4, pp. 617-641;

Janis I.L. e Mann L. (1977) Decision-making: a psychological analysis of conflict, choice, and commitment, New York: Free Press 1977;

Järvilehto T. (2004) Consciousness and the Ultimate Essence of Matter, NeuroQuantology, Vol. 2(3): 210-218;

Jibu M. e Yasue K. (1995) Quantum brain dynamics and consciousness, in Advances in Consciousness Research, Vol.3, John Benjamins Publishing Company, Amsterdam;

Kaivarainen A. (1992) Mesoscopic theory of matter and its interaction with light. Principles of self-organization in ice, water and biosystems, Finland: University of Turku;

Kaivarainen A. (2005) Hierarchic Model of Consciousness, NeuroQuantology, Vol. 3(3): 180-219;

King C.C. (1989) Dual-Time Supercausality, Physics Essays, Vol. 2(2): 128-151;

King C.C. (1990) Did Membrane Electrochemistry Precede Translation? Origins of Life & Evolution of the Biosphere Vol. 20: 15-25;

King C.C. (1991) Fractal and Chaotic Dynamics in the Brain, Prog

Neurobiol, Vol. 36: 279-308;

King C.C. (1996a) Fractal neurodyamics and quantum chaos: Resolving the mind-brain paradox through novel biophysics, In E. Mac Cormac and M. Stamenov (Eds.), Fractals of brain, fractals of mind, Advances in Consciousness Research, 7, John Benjamin Publishing Company, Amsterdam;

King C.C. (1996b) Quantum Mechanics, Chaos and the Conscious Brain, J Mind and Behavior, Vol. 18: 155-170;

King C.C. (2003) Chaos, Quantum-transactions and Consciousness, NeuroQuantology, Vol. 1(1): 129-162;

Kuhn T. (1978) La struttura delle rivoluzioni scientifiche, Einaudi, Torino, 1978;

Laplace P.S. (1795), A philosophical Essay on Probabilities, Springer-Verlag, New York, 1995;

LeDoux J. (1996) The emotional brain: the mysterious underpinnings of emotional life, New York: Simon and Schuster 1996;

Lockwood M. (1989) Mind, brain and the quantum, Basil Blackwell, Oxford 1989;

Lorenz E. (1963) Deterministic Nonperiodic Flow, Journal of the Atmospheric Sciences, 1963, Vol.20, No.2, pp.130-140;

Lotka A.J. (1925) Elements of Physical Biology, Williams & Wilkins Co, Baltimore, reprinted in 1956 as Elements of Mathematical Biology, Dover Publications, New York;

Luisi Pier Luigi (2003) Autopoiesis: a review and a reappraisal, Naturwissenschaften, 90:49–59;

Mac Cormac E.R. e Stamenov M.I. (1996) Fractals of Brain, fractals of mind, in Advances in counsciousness research, Vol.7, John Benjamins Publishing Company, Amsterdam 1996;

Mandelbrot B.B. (1987) Gli oggetti frattali, Einaudi, Torino 1987;

Mann L. (1992) Stress, affect, and risk taking, in Risk-taking behaviour (Frank YJ, ed.), pp. 202-230. Chichester: Johm Wiley & Sons 1992;

Marshall, I.N. (1989) Consciousness and Bose-Einstein Condensates, New Ideas in Psychology, Vol. 7 : 73–85;

Marshall I.N., Zohar D. (1994) Quantum Society, William Morrow, New York 1994;

Maturana H. e Varela F. (1980) Autopoiesi e cognizione: la realizzazione del vivente, Marsilio Editore, Venezia 1985;

Maturana H e Varela F. (1984) L'albero della conoscenza, Garzanti

Editore, Milano 1987;

McCratly R., Atkinson M. e Bradely R.T. (2004) Electrophysiological Evidence of Intuition: Part 1, Journal of Alternative and Complementary Medicine; 10(1): 133-143;

McCratly R., Atkinson M. e Bradely R.T. (2004) Electrophysiological Evidence of Intuition: Part 2, Journal of Alternative and Complementary Medicine; 10(2):325-336;

Mender D. (2007) Decentering the subject of physics, NeuroQuantology, Vol. 5(1): 175-181;

Monod J. (1974) Il caso e la necessità, Oscar Mondatori, Milano 1974;

Nambu Y. (1950) The Use of the Proper Time in Quantum Electrodynamics, Progress in Theoretical Physics (5);

Newton I. (1686), Principi matematici della filosofia naturale, a cura di A. Pala, UTET, Torino, 1965;

Newton I. (1704), Scritti di ottica, a cura di A. Pala, UTET, Torino 1978;

Olivetti Belardinelli M. (1991) La costruzione della realtà, Bollati Boringhieri Editore, Torino 1991;

Peijnenburg J. (1999) Shaping Your Own Life, Metaphilosophy vol. 37;

Penrose R. e Isham C. (1989) Quantum Concepts in Space & Time , Oxford University Press.1989;

Penrose R. (1989b) The Emperor's New Mind, Oxford Univ. Press 1989;

Penrose R. (1994) Ombre della mente, Rizzoli, Milano 1994;

Penrose R. (1999) The Large, the Small and the Human Mind, Carmbridge University Press, 1999, Cambridge, UK, p. 132;

Penrose R. (2005) Il grande, il piccolo e la mente umana, Cortina Editore, Milano 2005;

Penrose R. (2005b) La strada che porta alla realtà: le leggi fondamentali dell'universo, Rizzoli, Milano 2005;

Pereira A. (2003) The Quantum Mind/Classical Brain Problem, NeuroQuantology, Vol. 1(1): 94-118;

Pessa E. (1992) Intelligenza Artificiale, Bollati Boringhieri, Torino 1992;

Pitkänen M. (1990) Topological Geometrodynamics. Internal Report, HU-TFT-IR-90-4 (Helsinki University);

Pitkänen M. (2003) TGD (Topological Geometro Dynamics)

Inspired Theory of Consciousness, NeuroQuantology, Vol. 1(1): 68-93;

Poli M. (1994) E. Prato Previde, Apprendere per sopravvivere, Raffaello Cortina Editore, Milano 1994;

Poincaré H (1908) Le raisonnement mathématique, in Scinece et méthode, Flammarion, Paris;

Pribram K. (1971) Languages of the Brain, Prentice Hall, New Jersey 1971;

Pribram K. (1990) Brain and Perception, Lawrence Erlbaum, Oxford 1990;

Prigatano G.P. (2003), Challenging dogma in neuropsychology and related disciplines, Archives of Clinical Neuropsychology 18 (2003) 811-825;

Prigogine I. (1979), La nuova alleanza, Longanesi Editore, Milano 1979;

Radin D. (2006), Entangled Minds, Paraview Books, New York 2006;

Reber, A.S. (1989) Implicit Learning and Tacit knowledge, Journal of Experimental Psychology: General, 118, 219-235;

Ricciardi L.M. e Umezawa H. (1967) Brain and physics of many body problems, Biological Cibernetics, Springer, Berlin, Vol. 4(2): 44-48;

Rifkin J. (1982) Entropia, Mondatori, Milano 1982;

Rosen R. (1985) Anticipatory Systems, Pergamon Press, USA 1985;

Rudfrau D., Lutz A., Cosmelli D., Lachaux J.P. e Le VanQuyen M. (2003) From autopoiesis to neurophenomenology: Francisco Varela's exploration of the biophysics of being, Biol Res 36: 27-65, 2003

Sartori L. (2004) Martinelli M., Massaccesi S. e Tressoldi P. E., Psychological correlates of ESP: heart rate differences between targets and non targets in clairvoyance and precognition forced choice tasks, atti della Convention 2004 della Parapsychological Association, p. 407-412;

Schrödinger E. (1988) Che cos'è la vita, Sansoni, Firenze 1988;

Sharpe L., Tarrier N., Schotte D. e Spence S.H. (1995) The Role of Autonomic Arousal in Problem Gambling, Addiction, 1995, vol. 90, p. 1529;

Skarda C.A. e Freeman W.J. (1987) How brains make chaos in order to make sense of the world, Behav. Brain. Sc., vol. 10, pp. 161--195, 1987. Stuart Mill J. (1943), A System of Logic, Sistema di logica deduttiva e induttiva, UTET, Torino 1988.

Slater J.C. (1980) Teoria Quantistica della materia, Zanichelli, Bologna 1980;

Spottiswoode P. e May E. (2003), Skin Conductance Prestimulus Response: Analyses, Artifacts and a Pilot Study, Journal of Scientific Exploration, Vol. 17, No. 4, 617-641;

Stapp H.P. (1993) Mind Matter and Quantum Mechanics, Springer-Verlag, Berlin 1993;

Stapp H.P. (1999) Attention, intention, and will in quantum physics, Journal of Consciousness Studies, Vol. 6(8/9): 143-164;

Szent-Gyorgyi, A. (1977) Drive in Living Matter to Perfect Itself, Synthesis 1, Vol. 1, No. 1, 14-26;

Szilard L. (1992) in W. Lanouette, Genius in the Shadows, Charles Scribner's Sons, New York;

Taylor J. (2001), Hidden Unity in Nature Laws, Cambridge University Press, 2001, Cambridge, UK, p. 337;

Tressoldi P. E. (2005) Martinelli M., Massaccesi S., e Sartori L., Heart Rate Differences between Targets and Nontargets in Intuitive Tasks, Human Physiology, Vol. 31, No. 6, 2005, pp. 646–650;

Varela F. (1996) Neurophenomenology: A methodological remedy for the hard problem, in Journal of Consciousness Studies, 3(4): 330-349;

Varela F., Thompson E e Rosch E. (1992) The embodied Mind, The MIT Press, Cambridge, Mass, USA;

Vannini A. (2005) Entropy and Syntropy. From Mechanical to Life Science, NeuroQuantology, vol. 3, n.2, pp. 88-110;

Vannini A. (2008) Quantum Models of Consciousness, Quantum Biosystems, 2008, 2, pp. 165-184;

Vannini A. e Di Corpo U. (2009) A Retrocausal Model of Life, in Filters and Reflections. Perspective on Reality, ICRL Press, Princeton, NJ, USA, pp. 231-244;

Vitiello G. (2003) Quantum Dissipation and Information. A route to consciousness modelling, NeuroQuantology, Vol. 1(2): 266-279;

Vitiello G. (2001) My Double Unveiled – The dissipative quantum model of brain – Benjamins Publishing Co., Amsterdam 2001;

Walker E. (1970) The Nature of Consciousness, Mathematical BioSciences Vol. 7: 131—178;

Wheeler J. e Feynman R. (1945) Interaction with the Absorber as the

Mechanism of Radiation, Review of Modern Physics (17);

Wheeler J.A. e Feynman R.P. (1949) Classical Electrodynamics in Terms of Direct Interparticle Action. Reviews of Modern Physics 21 (July): 425-433;

Wheeler J.A. e Tegmark M. (2001) 100 years of the quantum, Scientific American, Febbraio 2001, pp. 68-75;

Zajonic R.B. (1984) One the primacy of affect. Am Psychol 39:117-123.

LIBRI

Tra parentesi viene riportato il codice ASIN che, nel caso vi fossero difficoltà, potete inserire nella ricerca di Amazon per trovare il libro.

L'Attrattore (B0GX5MSWR6)
Introduzione alla Sintropia (B07R8KY6MR)
Entropia e Sintropia: dalle Scienze della Meccanica alle scienze della Vita (B06XGTJNJR)
Un Modello Sintropico della Coscienza (B06XRYJ98F)
L'equilibrio dinamico tra Entropia e Sintropia (B07VT77LGP)
La Teoria Unitaria (B07WRVM5CH)
Teilhard e Fantappiè: l'Evoluzione convergente (B006WCA89S)
Retrocausalità (B07WXQGNGW)
Supercausalità (B07WMS36Z7)
Origini della vita, evoluzione e coscienza alla luce della legge della sintropia (B005HHDF94)
La Teoria dei Bisogni Vitali (B005W3BX88)
La Metodologia delle Variazioni Concomitanti (B07T8651S5)
Terza Guerra Mondiale o Sintropia? (B0FSF8VMNT)
Apocalisse e Sintropia (B0B53NLW6H)
Sintropia e Omeopatia (B07JYL9ZLP)
Fiori di Bach, Sincronicità e Attrattori (B0876K255W)
Cambiamento Climatico (B07SWC3756)
Stiamo Entrando nella prossima Era Glaciale? (B07YJ43DHS)
Sintropia la Trilogia (B09SQ9NNHK)
Denaro (B07S3GKX3T)
Depressione (B07XBL3S93)
Liquidarismo, Sintropia e Bisogni Vitali (B07Q4HV2V5)
Sintropia, Precognizione e Retrocausalità (B07WXQGNGW)
La Forza Invisibile dell'Amore (B01GCMV4JA)
Il Cammino Verso la Felicità (B075WW8CCL)
Colonizzazione di Marte, Era Glaciale, Teletrasporto Biologico e Paradiso Terrestre (B09515HQNX)

www.ingramcontent.com/pod-product-compliance
Lightning Source LLC
Chambersburg PA
CBHW030431290526
45786CB00001B/234